安倍晋三〝最後の肉声〟

最側近記者との対話メモ

産経新聞論説委員
阿比留瑠比〔著〕

はじめに

憲政史上、最長の政権を担った安倍晋三元首相が街頭演説中に凶弾に倒れたあの日から間もなく2年となり、三回忌を迎える。この間、日本の政治は羅針盤とエンジンを失い、漂流し続けている。何より、蹉跌があっても前へ前へと進む明るさがどこかへ消えてしまった。

安倍氏という一人の政治家が不帰の客となったことで、日本社会全体が不安定化し、荒涼としてきた感がぬぐえない。

思えば私は1998(平成10)年7月に社会部から政治部に異動し、当時当選2回の若手議員だった安倍氏と知り合って以来、四半世紀近くにわたって安倍氏を取材してきた。

自民党内でも目立たない存在で、当選同期の中で一番、政府(閣僚、政務次官など)に入るのが遅かった安倍氏が、瞬く間に出世の階梯を駆け上がって首相となり、わずか1年でその地位を明け渡すのを間近に見た。かと思うと、「政治的死者」とまで言われたどん底から這い上がり、わずか5年3カ月で再び政権を奪還して再登板し、日本の「戦後」を一つずつ終わらせていく過程も目の当たりにできた。青年の面影が濃い若手議員が、その志は変えないまま老獪な政界の実力者へと変貌していくのを感嘆の思いで見つめながら取材できたのだから、私自身は記者として幸せだったのは間違いない。

いや、安倍氏と同時代を生きられた多くの日本人もまた幸せな時代を味わったのだとも感じる。岸田文雄首相が2022（令和4）年9月の安倍氏の国葬儀の際の弔辞で、次のように述べた通りである。

《一途な誠の人、熱い情けの人であって、友人をこよなく大切にし、昭恵夫人を深く愛したよき夫でもあったあなたのことを、私はいつまでも懐かしく思い出すだろうと思います。そして日本の、世界中の多くの人たちが「安倍総理の頃」「安倍総理の時代」などとあなたを懐かしむに違いありません》

政治家としてはまさしく「世界のアベ」であり、歴代首相で世界に存在感を示したということではナンバーワンだろう。それと同時に1人の人間としては、明るくユーモアを忘れず誠実な愛すべき人だった。取材を重ねる中で、あくまで記者と政治家という隔てはあったものの、いつしか安倍氏の明るい声、こちらの意見に真摯に耳を傾け、律儀に答える声を聞くだけでこっちも元気をもらえる気分になっていった。

その安倍氏が暗殺された後、多くの方から「あなたが直接聞いた安倍氏の言葉を記録に残すべきだ」と求められた。また、死人に口なしとばかりに、安倍氏の言動を歪める言説が飛び交っていたこともあり、私自身、微力ながら安倍氏が何を考え、どう話していたのかの一部を伝えたいとも考えた。

安倍氏に話を聞いたり、意見交換したりする場合は基本的にオフレコだったが、それとは別に暗黙の了解事項もあった。それは、安倍氏が「これは書かないで」と求めない限りは、「安倍氏は周囲にこう語った」などの形で字にしても構わないというものである。

ごくまれに「あれも書いちゃったの」と言われることもあったが、安倍氏は「まあ仕方がないか」と引き取った。政治家が記者に話した以上は、いずれ書かれるものだと割り切っていた。

本書は、私が月刊『正論』の連載コラムで書いてきた記事のうち、安倍氏が亡くなってからの19本と、それ以前の2本との計21本分をまとめ、加筆・訂正したものである。

安倍氏が私に語ったことは、おおむねメモとして残してきたので、それをもとにその時々の政治情勢に合わせて安倍氏の言葉を紹介してきた。ただ、月刊誌の記事単発では、テーマ的にも分量的にも限られるので、こうして一冊の本としてまとめてもらえて有難い。

もし安倍氏が生きていて、これを読んだらどんな感想を述べてくれるだろうか。

「阿比留さん、あれも書いちゃったね」

「あれは本当のことだから仕方ないね」

などと苦笑する姿が目に浮かぶ気がして、懐かしい思いがする。安倍氏にはもう少し長生きして、日本が針路を過たぬよう指導力を発揮してほしかったが、今やむなしい。

今日の岸田内閣と自民党の低迷のきっかけとなった23年6月成立のＬＧＢＴ理解増進法にしても、安倍氏が存命だったらそのような強引で乱暴な進め方は認めなかっただろう。第2次政権を終えて間もない20年11月には、私にこう語っていた。

「保守派は裏切りを許さない。私だって、経済政策ではリベラル派的な政策を取ったが、社会思想では変えていない。そこは変えてはダメなんだ」

その後も、岸田内閣にちらつくリベラル志向には繰り返し危機感を示していた。

「自民党にリベラル岩盤層があるわけではない。一部の野党にはあってもね」（21年12月）

「米国は岸田政権を軽視している。菅さん（義偉前首相）と違い、首脳会談も入らない。林芳正外相も含め、米国の安全保障部門も全然ダメだ。（国内では）無党派の保守層は結構離れている。保守層の支持は薄い」（22年1月）

自民党支持層に加え、自らを支持する保守派の無党派層は固めて離さないというのが、安倍氏の一貫した政治手法だった。ここを押さえておけば、たとえ内閣支持率や政党支持率が低下しても選挙に勝てるが、手放してしまったら苦しくなるという判断である。その点では私がむしろ、発破をかけられることもあった。21年2月には、こう指摘された。

「以前の産経新聞は部数は少なくとも、保守紙としてのブランド力があった。産経も、もっとブランド戦略を考えないとね」

耳が痛い言葉だった。

安倍氏のこうした考え方は第1次政権の時から首尾一貫しており、07年8月14日の深夜、日付が変わる頃にこんな電話がかかってきたこともある。

「さっき、秘書官から明日の全国戦没者追悼式の式辞の原稿が上がってきたんだけど、確か『心ならずも命を落とした方々』という表現は、保守派の評判がよくなかったよね」

秘書官が書いた原文は、前任者の小泉純一郎内閣当時の表現をそのまま踏襲していたのだろう。私は答えた。

「ええ、保守系文化人や議員の中には自ら覚悟して命を捧げた戦死者に対し、『心ならずも』と決めつけるのは失礼だという批判もありますね」

翌日の追悼式では、「心ならずも命を」の部分が「かけがえのない命を」に改まっていた。この頃は持病の潰瘍性大腸炎が悪化してきた頃だったにもかかわらず、繊細なまでの気遣いだった。

そんな安倍氏亡き今、私がメモに書きとめておいた生前の肉声の一部によって、安倍氏の人となりや考え方の一端なりとも伝えられたとしたら、望外の幸せである。

目次

郵便はがき

100-8077

63円切手を
お貼りください

東京都千代田区大手町1-7-2

産経新聞出版　行

お名前《フリガナ》	
性別　男・女	年齢　10代　20代　30代　40代　50代　60代　70代　80代以上
ご住所　〒 （TEL.　　　　　　）	
ご職業　1.会社員・公務員・団体職員　2.会社役員　3.アルバイト・パート 4.農工商自営業　5.自由業　6.主婦　7.学生　8.無職 9.その他（　　　　　）	
・定期購読新聞 ・よく読む雑誌	
読みたい本の著者やテーマがありましたら、お書きください	

書名　安倍晋三〝最後の肉声〟

このたびは産経新聞出版の出版物をお買い求めいただき、ありがとうございました。今後の参考にするために以下の質問にお答えいただければ幸いです。抽選で図書券をさしあげます。

●本書を何でお知りになりましたか？

□紹介記事や書評を読んで・・・新聞・雑誌・インターネット・テレビ

媒体名（　　　　　　　　　　　　　　　　）

□宣伝を見て・・・新聞・雑誌・弊社出版案内・その他（　　　　　）

媒体名（　　　　　　　　　　　　　　　　）

□知人からのすすめで　□店頭で見て

□インターネットなどの書籍検索を通じて

●お買い求めの動機をおきかせください

□著者のファンだから　□作品のジャンルに興味がある

□装丁がよかった　□タイトルがよかった

その他（　　　　　　　　　　　　　　　　）

●購入書店名

●ご意見・ご感想がありましたらお聞かせください

（ご回答いただいたご意見・ご感想は広告等で使用させていただく場合があります。）

第3章　幼稚化する野党・メディア・世論　115

第4章　岸田文雄首相と「腰抜け」自民党に喝！　167

あとがき　228

本書は雑誌「正論」で２０１８（平成30）年9月号から連載中の「政界なんだかなあ」を元に再構成しています。各項目の文頭に掲載号を明記。肩書などは当時のものです。

第1章　「闘う政治家」安倍晋三の実像

不安だらけの日本に希望と勇気の種をまき続けた人

（2022年9月）

とにかく優しく、律儀で誠実な人だった。2022（令和4）年7月8日、奈良市で街頭演説中に凶弾に倒れた安倍晋三元首相の思い出は尽きず、もう楽しく会話することも、国際情勢や日本社会のあり方について、真剣に言葉を交わすこともないのだという実感がまだわかない。

5月14日のフェイスブックに、外食帰りの暗い路地で何かに足を引っかけ、転んでケガをしたと記したところ、安倍氏がこんなコメントを書き込んでくれた。

「祖父の長生きの秘訣の一つは転ばない事。お大事に」

90歳まで生きた祖父、岸信介元首相が日頃から転ばないよう気をつけていたことを記し、戒めてくれたのだった。

その安倍氏が67歳で非業《ひごう》の死を遂げるなどと、誰が想像できただろうか。あまりに無情な現実と、安倍氏を失い流動化する日本の今後を考えると、目の前が暗くなるのを禁じ得ない。

亡くなる前日、7日夜にも安倍氏と電話で話したばかりだった。

安倍氏は7日、参院選の岡山選挙区で自民党の小野田紀美参院議員の応援演説を行った。この選挙区は岡山創価学会が小野田氏ではなく、立憲民主、国民民主両党が推薦する対立候補を支援したことで注目されていた。

そこで「岡山はどうでしたか」と聞くと、安倍氏は高揚した声で答えた。

「すごい盛り上がっていた。聴衆は1500人ぐらい来て、会場に入りきれず外にあふれていた。午後8時に当確が出るだろう」

「新潟も勝つと思う。自民党はかなりの確率で、60議席いくと思う」

自民党の候補者の女性スキャンダルが報じられた長野に行く予定は変えたのかと確かめると、理由は「応援演説を邪魔する人」にあるとこう語っていた。

「あそこは、私たちが行くと暴れる人がいるから。実際、麻生さん(太郎副総裁)が入ったんだけど、変な地元議員がマイクを持って週刊誌記事を読み上げたそうだ。私が行って騒ぎが起きると、それが報じられることで他の選挙区に影響が出るとよくない」

予定通り長野に行っていれば奈良に入ることはなく、悲劇に見舞われることはなかったのかもしれない。残酷すぎる運命のいたずらというほかない。

ヤジを正当化したマスコミの大罪

安倍氏やその家族、同志たちを悪魔化して描き、彼らに対しては、何を言ってもやっても許されるという風潮を左派マスコミや野党、左派文化人がつくった。この「アベガー無罪」が警察の監視、取り締まりを緩くさせてきたことも背景にあるかもしれない。

19年の参院選では、演説中の安倍氏にヤジを飛ばした男女が北海道警に排除された。ところがこれに対し、札幌地裁は警備が違法だったとして、北海道に損害賠償を命じたのである。判決は、ヤジを飛ばした男女の「表現の自由」を認めたものだが、演説を静かに聞いて選挙の判断材料にしたい聴衆の知る権利はどうなるのか。こうした安易な判決が今回の警備に与えた影響はないと言えるのか。

実は3年前には、東京都中野区でもこんなことがあった。女性が安倍氏の街頭演説が「安倍辞めろ」などと叫ぶヤジで聞こえないので、騒いでいる集団に注意したものの相手にされなかった。

現場にいた警察官にも、何度か「罵声《ばせい》で演説が聞こえない。対処してもらえないか」と要請したにもかかわらず、警官にも無視されてしまった。

そこで選挙妨害の実態をスマートフォンで撮影して記録しようとしたところ、騒いでいた一団に取り囲まれ、スマホを取り上げられて地面にたたきつけられて破壊されたのである。結局、目撃証言があったため、破壊した実行犯は逮捕されたものの、警察側は女性にこう釈明したのだった。

「注意すると人権問題だとか差別だとか言われるから、強力に排除はできない」

マスコミや野党は、安倍氏が街頭演説中に「こんな人たちに負けるわけにはいかないんです」と述べたことを批判し、繰り返し「国民を『こんな人たち』呼ばわりして選別した」と書きたてた。

だが、安倍氏につきまとう「こんな人たち」は実際にいたのである。そして「こんな人たち」のクレームや訴訟戦術、そしてそれを美化して拡声するマスコミを恐れて、警察は及び腰になった。今回の安倍氏暗殺事件の一因は、歪んだマスコミ報道にある。

左翼勢力による頓珍漢《とんちんかん》なレッテル貼り

それでは、マスコミをはじめとする左派勢力は、なぜそこまで安倍氏を憎悪し、敵視してきたのか。なぜあることないこと、首相を退任しても執拗なまでに安倍氏をたたいてきたのか。

古い話になるが、左派漫画家で雑誌『週刊金曜日』の編集委員も務めた石坂啓氏が08年8月、安倍氏が第1次政権を終えて11カ月後に、山梨県で行われた日教組会合での講演で述べた言葉を紹介したい。今も変わらぬ左派の思考と心情が、そこにはっきりと投影されているからである。

「安倍さんに同情の余地なしです。あの方、1年しかやっていなかったけど、やりたい放題やってきました。教育基本法を変えました。知らない間に防衛庁が防衛省になりました。私、許可した覚えがないんですが、国民投票法を作りました。うちの子が選挙権を持つようになる前に、もしかして憲法に着手してしまうかもしれない。どうしてくれるかという感じがあります」

「嫌な言葉があります。『溺れかけた犬を打て』という。私は、犬ちゃんが溺れかけていたら助けます。犬ちゃんを打てという言い方も嫌いです。しかし、安倍さんは打っておいてよかったなあ、もっと打っておくべきだったのではないかと思います」

ちなみに石坂氏はこの講演で、国旗は「温泉マーク」、国歌は「いい湯だな」がいいとも述べている。こうした左派やアナキストにとって、安倍氏は一貫して打つべき標的だった。（※石坂氏は後に「（安倍氏暗殺事件を）知ったときは思わず、でかしたと叫びました」と公言している）

それは「戦後レジーム」からの脱却」を掲げた安倍氏が、自分たちが長年安住し、どっぷり浸かってきた戦後の価値観、慣習、秩序の破壊者だったからだろう。

連合国軍総司令部(GHQ)によって押し付けられた「敗戦国の在り方」がぬるま湯のように心地よかった彼らは、安倍氏によって日本が「普通の国」となり、自分たちが信じてきた社会の枠組みがつくり替えられようとするのに恐怖を覚え、反発したのである。

集団的自衛権の限定行使を容認する安全保障関連法の審議の際、国会前でデモをしたり座り込んだりしている人は、全共闘世代が多かった。彼らは自分たちが正しいと思い込んでやってきたこと、謳歌《おうか》した青春、これまでの人生を安倍氏に否定されるように感じたのだろう。

彼らは安倍氏の政策をよく「戦前回帰」だの「復古調」だのとレッテル貼りして批判したが、実態は正反対だった。安倍氏は新たな国際情勢に適応し、日本を生き残らせようとしただけである。

それが証拠に、安倍政権は若者の支持率が高く、高齢者の支持率は低かった。変化を嫌う世代と朝日新聞などの左派マスコミ、左派勢力が呼応して反安倍の空気づくりに邁進《まいしん》したのだった。

だが結局、彼らは言論で安倍氏を倒すことはできなかった。安倍政権は憲政史上最長の政権となったし、安倍氏が首相の座を退いたのは持病のためだった。

朝日や共産党の機関紙「赤旗」は、安倍氏の退任後も、ことあるごとに「モリ・カケ・サクラ」と呪文をつぶやき続けたが、それは大きな声にはつながらなかった。朝日は安倍氏の死後も、川柳欄や投書欄を利用して、安倍氏を侮蔑してみせたが、その手口はとっくに見透かされ、かえって批判を浴びている。

「ノイジーマイノリティ」はしつこく安倍氏とその業績を貶めようと努めたが、その効果は非常に弱かったことが、安倍氏を惜しみ偲《しの》び、称賛する内外の声や、安倍氏に献花するために長蛇の列をつくる「サイレントマジョリティ」の姿に表れている。

人生の再チャレンジを体現

安倍氏のあまりに巨大で数多い功績については、紙幅の関係もあり別の機会に改めて取り上げたいが、ひとつ言えることがある。

それは、安倍氏自身が失敗したり、挫折したりすることがあってもやり直せるという再チャレンジを実践してみせたことである。

安倍氏は第1次政権退任後、当初は病名を明かさなかったこともあり、心無い誹謗中傷の対象となった。永田町でも「終わった人」と呼ばれ、飛行機や新幹線で同乗した見知らぬ相手から面罵されることもあった。

完治はしない難病を抱え、「政治的に1度死んだ」(安倍氏)というどん底の状況から、わずか5年余で再び首相となった安倍氏の姿は、どれだけの人に希望と励みを与えたことか。安倍氏がもういない日本は、確かに不安だらけである。世界のリーダー的存在だった安倍氏自身が、中国やロシアに日本に手を出させない「抑止力」だったが、今後周辺国はどう出るか。日本はうまく渡り合えるのか。

過去四半世紀にわたり、自民党の保守派の中心であり続けた安倍氏なき後、夫婦別姓やLGBT法推進の動き(注・23年6月成立)の防波堤に誰がなれるのか。自民党はリベラルに傾き、変節してしまうのか。

積極財政の旗振り役であった安倍氏の退場で、自民党は緊縮財政へと走るのか。肝心の防衛力増強はきちんとできるのか。

巨星が墜ちたのだから、マイナス点や不安材料を数えればきりがないが、悲観し嘆いてばかりはいられない。それでは安倍氏の遺志を継いだことにならない。

盟友だった麻生太郎氏は、安倍氏の訃報を聞いた際、自分自身に言い聞かせるように周囲にこう語ったという。

「俺が代わってやりたかった。安倍はまだ若い。これからだった。だがここで沈んじゃだめだ。元気に行こう」

昭恵さんが葬儀で触れた吉田松陰の言葉

安倍氏の妻、昭恵さんは7月12日の葬儀で、安倍氏が父、晋太郎氏の追悼文で引用した幕末の志士、吉田松陰の言葉に触れてこんな謝辞を読んだ。

「10歳には10歳の春夏秋冬があり、20歳には20歳の春夏秋冬、50歳には50歳の春夏秋冬があります。父、晋太郎さんは首相目前に倒れたが、67歳の春夏秋冬があったと思う。主人も政治家としてやり残したことはたくさんあったと思うが、本人なりの春夏秋冬を過ごして、最後の冬を迎えた。種をいっぱいまいているので、それが芽吹くことでしょう」

松陰は刑死を目前にしても、私の志を憐れみ継ぐ者がいれば、私は「後来（将来）の種子」として未来につながっていくと同志に呼びかけている。「種をいっぱいまいている」との昭恵さんの言葉は、多くの同志たちに日本の将来を託したということだろう。

安倍氏はいつも昭恵さんに、この春夏秋冬のエピソードについて話していたと聞く。7月10日に安倍氏宅を弔問に訪れた際、私は昭恵さんにこう言われた。

「どんなときも応援してくれて、ありがとうございます」

「どんなときも」という言葉から、安倍氏の順風を受けてばかりでも、平坦な道ばかりでもなかった政治家としての人生がうかがえる。そしてこの言葉をもらったことは私の一生の宝物となった。

安倍氏の謦咳《けいがい》に接し、種を受け取った数多くの与野党の議員らが、その志を受け継ぎ芽吹き、大輪の花を咲かせ、また種を次の世代につなげることを切に願う。

30歳前に獄死した松陰は、死を目前にして弟子たちに向けてこう説いた。

「我れを哀しむなかれ。我れを哀しむは我れを知るに如《し》かず。我れを知るとは、我が志を知り、それに帆を張り、大きく進めてゆくことなり」

誰もが安倍氏と同じような大業を果たすことはできないし、それを目指す必要もない。国民を大切にし、世界に誇れる美しい国をつくろうと先頭に立って働いてきた安倍氏の志を忘れず、一人ひとりができることを積み重ねていけばいいのだろう。そして仕事を終えてあの世に行けば、安倍氏とまた一杯やることもできるだろう。

日本で不必要な制度や法律ができないよう体を張った「防波堤」

（２０２３年８月）

安倍晋三元首相は２００６（平成18）年９月26日に第１次政権を発足させるが、それに先立つ同年８月１日のことである。私は当時、社命で産経新聞の「イザ！」というサイトで記者ブログを書いていて、おそらく自民党総裁選に勝利して誕生するであろう安倍内閣の閣僚人事や党三役人事を予想してみたことがある。

週刊誌『サンデー毎日』と『読売ウイークリー』が同様の予想をしていたので目を通したところ、双方とも安倍氏の盟友である中川昭一元農水相の名前を全く挙げていなかった。それはないよ、中川氏は党政調会長だろうとこう書いたのである。

「安倍氏と中川氏は思想的に同志であり、絶対に起用されると思います」

果たして９月25日に党執行部人事が発表されると、やはり政調会長は中川氏だった。ささやかな自慢だが、逆に言えばそれだけまだ安倍氏の人脈も考え方も広く知られていなかったといえる。

この日の朝日新聞朝刊は「政調会長に柳沢（伯夫）氏浮上」と報じていて、共同通信も同日未明配信の記事で「政調会長には柳沢氏の名前も挙がっている」と書いていた。中川氏の閣僚起用をほのめかす社はあったが、発表当日になっても、どの社も中川政調会長を予想していなかった。

拉致問題や慰安婦問題その他での安倍、中川両氏の連携関係をどう見ていたのかと不思議に思うぐらいだった。繰り返すが、安倍氏が何を重視し、何をやりたいのかが分かっていなかったのだろう。

ともあれこの日の夜には、安倍氏に1、2週間ぶりに電話をした。一国の首相というこれ以上はない多忙な重職に就くのだから、これまでみたいに気軽に電話をするわけにはいかない。そう考え、少し遠慮していたのだが、さすがに明日の組閣情報ぐらい取材しないと記者失格だと思い直し、携帯を手に取った。

「あ、阿比留さん。中川さんは阿比留さんの薦めもあったから、政調会長にしたからね」

いつもの明るい声が、すぐに返ってきた。私の薦め云々は言葉通りには受け取れないが、国のトップになろうとそれまでと全く変わらないフランクさだった。

後の民主党政権下では、権力を握ったとたんにそれまで敬語で接していた年長の記者にタメロを利いたり、威張り散らしたりする議員が見られた。だが、そんな様子は安倍氏には全くなく、「ああ、これが安倍さんだ」と感じた。

そして、閣僚人事についてはあっさりと中身を教えてくれた。もっとも、これについては、自民党記者クラブキャップに報告したものの、その少し前に同期の石橋文登記者から同様の連絡があったとのことで、あまり会社の役には立たなかったが——。

辞任表明の夜にかかってきた電話

もうじき安倍氏が非業の死を遂げて1年になる。記憶は放っておくと風化していくものだが、安倍氏を取材し続けた24年弱にあった出来事、特に安倍氏と会話した場面は今も生々しくよみがえってくる。

第1次安倍政権は結局、社会保険庁の年金記録未統合と紛失、いわゆる「消えた年金」問題で、安倍政権の失策ではないのに強い批判を受けて07年7月の参院選で大敗し、安倍氏が持病を悪化させてわずか1年で退陣した。

安倍氏が突然辞任を表明した07年9月12日の深夜、首相官邸の半地下のような場所にある窓が開かない記者クラブにいるところに、安倍氏から電話がかかってきた。辞任記者会見はとうに終わり、それを報じる原稿の送稿とゲラのチェックも済んで呆然としていた時のことだった。

「やれるところまで、できるだけ頑張ろうと思っていたのだけど、それも無理になった。私は求心力を失ってしまった。今まで、応援してくれてありがとう」

声には張りがなく、記者会見での憔悴《しょうすい》した様子を思い浮かべた。同時に、こんな時にもわざわざ一記者にまで礼を尽くす安倍氏の律義さが胸に迫った。「どうしてあんなに若く溌剌《はつらつ》として、やる気に満ちていた人が、たった1年でここまで追い詰められなくてはならないのか」と不条理を感じた。

安倍氏が退陣し、時を置かず開かれた自民党の女性議員の政治資金パーティーを覗《のぞ》いたことがある。登壇した女性議員は安倍政権で党幹事長を務めていた中川秀直氏が入場すると、「今回は政局を学ばせていただきました」と謝辞を述べていた。それが、この5年余後に第2次安倍政権が発足すると、自分を閣僚に起用するようしつこく電話をかけてきて、安倍氏を悩ませたのだから現金なものである。

パーティーのゲストとして登壇したジャーナリストの田原総一朗氏は、入院中の安倍氏をこう揶揄《やゆ》していた。

「安倍さんは正直。本当に正直な人だった。正直の上に『バカ』がつくけどね」

どっと沸く会場の片隅でこの光景を見ていて、つくづく政治の世界とは我欲むき出しの醜い世界だと実感した。

挫折で学んだ「回り道」の大切さ

安倍氏と距離が近いことを強調し、一心同体ぶりを誇示していた政治家たちの多くが、あっという間に安倍氏から離れていった。安倍政権発足時、安倍氏のブレーンを気取っていた評論家や学者の中にも、手のひらを返して安倍氏の悪口を言いふらす者たちがいた。この頃、安倍氏はふと私に「本当の敵が誰で、誰が本当の味方なのかが今回、よく分かったよ」と語ったことがあった。じっと政界の流れと、プレーヤーたちの動き方を見定めていたのだろう。

それからしばらく経った09年9月、今はなき国会にほど近い赤坂プリンスホテルの中華料理屋で安倍氏と昼食をともにした際のことである。すっかり体調のよくなった安倍氏は、牛細切り肉入り麺に好物の春巻きを追加注文して旺盛な食欲を見せていた。

その席でたまたま小泉純一郎元首相の話題になったので、私は政治家のトップには「名優」の資質が求められるのではないか、小泉氏のように無党派層と「世論」を引き寄せる仕掛けが必要なのではないかと聞いた。

すると、安倍氏はしばらく沈黙した後、こう答えた。

「小泉さんはもともと、世論についてあまりたいした重みのあるものと思っていない。どこか何とでもなるものだと考えている。だから、田中真紀子氏を外相にしたり、あるいは私も党幹事長に抜擢したりしたのだろう。小泉さんの人事は、1人か2人か派手な目玉を作って、後は穏当なものにするというやり方だった。第2次森喜朗内閣組閣の時も、小泉さんは『半分ぐらい女性にすればいいんだ』と言っていた。しかし、同時に世論を突き動かしてもきた」

世論に冷め、突き放していたからこそ、逆に世論を操れる。第1次政権の頃の安倍氏は逆に、信念を持って正しいことをやっていれば、いつか国民も分かってくれるという意識で高い理想を掲げていたが、かえって「目線が高すぎる」という批判を招いた。

実際、安倍氏は再登板後の13年3月の衆院予算委員会で「前回は若く、気負い過ぎていた。思いは必ず通じると信じていた」と述べている。第1次政権時は尊敬する吉田松陰の「至誠通天」を地でいこうとしたのだが、それは理解されなかった。

安倍氏は第2次政権では、第1次政権時にスローガンとして掲げた「美しい国」も「戦後レジームからの脱却」も封印した。自身が目指す場所も信念も変わらずとも、それをストレートにバカ正直に訴えることはやめた。

同年1月の読売テレビ番組ではこう述べていた。

「前回の安倍政権の時の反省点として、いきなり100点を出そうと思っても出せない。かえって重心が高くなって転んでしまう。戦後体制からの脱却が私の生涯のテーマで、これは変わっていない。腰をじっくり据え、結果を出しながら国民の信頼を勝ち得て、やるべきことをやっていきたい」

親交が深かった台湾の李登輝元総統は何か事を成すためには「直線」を目指さず、必ず「回り道」で行くことを説いているが、安倍氏も同じ境地に至ったのだろう。

田沼意次《おきつぐ》に自らの境遇を重ねて

安倍氏は再び首相に就くまでの5年3カ月の雌伏《しふく》中、経済・財政などの政策の再勉強だけではなく、己の政治と国民への向き合い方についても熟考し、修正していったといえる。

第1次政権では、同業他紙から「産経政権」と皮肉られるほど安倍氏は産経新聞を優先的に扱う傾向があったが、第2次政権ではそうした色合いもかなり薄まった。他紙の反感を買うようなやり方は得にならないと、安倍政権としても割り切ったのだろう。

「産経新聞さんで、総理の単独インタビューをやりませんか」

第2次政権発足直後、第1次政権時も秘書官を務めた旧知の今井尚哉首相秘書官からこう持ち掛けられたときには驚いたが、今井氏は同時期に読売新聞との単独インタビューの話を進めていた。

首相への単独取材は原則として行わないという記者クラブ側の横並びの慣習を壊すため、安倍政権は戦略的にことを運んでおり、産経だけに話を持ってきたのではなかった。そして、やがて他の報道機関もこの方式を事実上、受け入れていった。

安倍氏もその周囲も、前回より確実にしたたかになっていた。もっとも、朝日新聞も当初は安倍氏との関係修復に動いているように見えたものの、結局は水と油のように交わらず、どんどんアンチ安倍路線を強めていった。「安倍たたきは朝日の社是」なので、これは仕方あるまい。

朝日はその後、「モリカケ」報道に社運を賭けるが、安倍政権に一定のダメージは与えたものの、余計に報道内容への信頼を失うことになり、自らの社運を傾けただけだった。モリカケは朝日だけでなく他の報道機関も一斉に問題だと報じたが、馬に食わせるほどの憶測報道が紙面をにぎやかせただけで結局、何も出てこなかった。

第1次政権時には毎日新聞が最初に仕掛けた「消えた年金」騒動で安倍政権は深手を負ったが、国民のマスコミを見る目も以前より冷めていたともいえる。

あまりに執拗なモリカケ問題を巡っては、安倍氏から私の無署名の記事について、書き手は私だろうと分かってか、電話で感想を伝えてきたことが幾度かあった。

例えば17年7月に書いたコラムで作家、池波正太郎の代表作の一つ『剣客商売』の中で、時の最高権力者だった老中、田沼意次につぶやかせた場面を引用した際のことである。

「天下の楫《かじ》を取る者が悪くいわれるのは、むかしからのことで、気にはしていない。なれど、疲れてきた……」

記事で私はこのセリフの後に、次のように続けていた。

「田沼は商業を重視し、鉱山や蝦夷地《えぞち》(北海道)の開発を進めた改革派だった。外国との貿易を拡大して景気をよくした半面、賄賂が横行する『田沼政治』を敷いたと批判され評判を落とした。もっとも賄賂の件は、既得権益を守りたい政敵たちの言いがかりだという説も根強い」

すると、これを読んだ安倍氏は、こう聞いてきた。

「きょうのコラムも阿比留さん?　田沼は改革派で賄賂政治家ではないという説もあるんだね」

私が「そうです」と答えた上で「まあ、歴史のことだから実際は分かりませんが」と述べると、安倍氏は言った。

「うん、（歴史は）都合よく書き換えられたりするからね。まあしかし、世の中の人が何が本当に大事なのか（考える）よすがにはなるね」

安倍氏は、同じく最高権力者であり、ぼろくそに批判された田沼に自身を重ねていたのかもしれない。加計問題とは、加計学園による獣医学部新設に反対する日本獣医師会など既得権益の受益者と、その協力者らがつけた言いがかりそのものだからである。

マスコミは連日、安倍氏をたたき続けても倒せなかったが、安倍氏をじわじわと疲れさせはした。

安倍氏は日本の最高指導者として世界のリーダーと渡り合い、日本の景気回復と雇用増に頭を巡らし、野党や与党内の反対勢力、悪意あるマスコミと闘ってきた。改革者であると同時に、日本で不必要な制度や法律ができないよう体を張る防波堤でもあった。

日本の楫を取る者の宿命ではあるが、本当に心身に鞭打ち続けながら一歩一歩前へと歩んだ道は険しかったことだろう。

安倍氏の一周忌を迎えるにあたり、改めて過去の言葉を振り返った。政治家としての安倍氏の歩みは、学ぶべきことに満ちている。

匍匐《ほふく》前進も厭《いと》わず　持ち前のユーモアと前向きさを武器に

（2023年9月）

安倍晋三元首相が日本から、世界からいなくなって丸1年が過ぎたが、喪失感はまだまだ大きい。あれだけ大きな存在を突然失ったのだから当然だが、いまだに安倍氏の名前を何かで見たり、聞いたりしない日はない。

一周忌に当たる2023（令和5）年7月8日には、暗殺された現場である奈良市の近鉄大和西大寺駅前と、そこから東へ約5キロの三笠霊苑に建立された慰霊碑「留魂碑」を訪ね、献花をした。どちらも、途切れることのない人の列は静かで、安倍氏を心から悼む真情が表れていた。

間違いなく歴史に残る大事件の痕跡も、憲政史上最長の政権を築いた大宰相の生涯を示すものも何もない事件現場では無常感も覚えた。ただ、それでも人々の胸に刻まれた安倍氏の思い出はずっと消えることはないと実感した。

日本も世界も、安倍氏の生前と死後とでは一見、全くありようが変わったように思える。だが、安倍氏が何をやり遂げ、またやろうとしたか、安倍氏の言動が人々の記憶にある間は何とかなる。そんな淡い希望を抱いた。

この日は奈良市に行ったため、東京・芝公園の増上寺で営まれた一周忌法要や都内で開かれた安倍氏の功績をしのぶ会合への出席はかなわなかったが、各種報道やSNSでその様子の一端は知ることができた。

その中でも特に、昭恵夫人が都内の会合であいさつした際の次の言葉には胸を打たれた。

「皆様方、主人がいなくなって悲しいという思いは持たれていると思います。私も本当に悲しいですけども、怒りの感情、恨みの感情を持つのではなく、どうか主人が亡くなったことで奮起をしていただき、この日本の国のために力を合わせていただくことが主人に対する供養だと思いますし、語り継いでいただければと思います」

昭恵さんは「怒り」や「恨み」の感情ではなく「奮起を」と呼びかけていた。

安倍氏の死後、やり場のない憤りや不満を政府や政治家にぶつけたり、社会現象や著名人を批判することで紛らそうとしたりする傾向は強い。私自身もそのきらいは否めないが、それればかりではいけないと反省させられた。

現状に腕をこまぬき、ただ文句を垂れているという姿勢は、政治家、安倍氏のあり方とは無縁である。安倍氏は目標に向かって粘り強く、匍匐前進も厭わず、とにかく前に進もうとする人だった。常に物事を前向きにとらえ、明るくユーモアを持って乗り越えていった安倍氏に、私たちは学ばなければならない。

日本に必要なことなら何年でもかける

翌7月9日の読売新聞朝刊を読むと、岸田文雄首相が8日、安倍氏をしのぶ食事会でこう述べたと紹介されていた。

「私が今、首相として政権運営にあたれているのも、内政、外交で安倍氏が築かれた基盤があってこそです」

それが分かっているなら、もう少し抜かりなく毅然としていてほしいとも思うが、ここではそれ以上は触れない。ただ、岸田首相には外交・安全保障から憲法改正、拉致問題解決まで安倍氏が長い歳月をかけて敷いたレールの上をしっかり走ってもらいたい。

安倍氏の「遺志を継ぐ」と何度も言っているのだから、そこは是が非でも曲げないでほしい。

また、高市早苗経済安全保障担当相がこの日の会合で、こう述べたのも印象的だった。

「最近、安倍総理の後継者は誰かなどという軽い報道を見ると私は腹が立ちます。安倍総理の代わりになる人なんていやしません。史上最長期間、政権を担われて、世界の真ん中で咲き誇る日本外交を唱えて日本の存在感を示し、日本の名誉を守り、多くの外国要人と深く長く付き合い、相手の引退後もその友情を温め続けられました。それは今も日本外交における大きな財産となっています。今日も、台湾をはじめ外国からの友人の方がおいでいただいておりますす。私たちが初当選した頃は、土下座外交とか謝罪外交とかいう言葉が当たり前だったんですよ。今私たち胸を張って外交の舞台でものが言えますよね。素晴らしい贈り物をしていただきました」

その通り、誰も独りで安倍氏の代わりになどなれやしない。安倍氏がいなかったら、日本はまだ先の大戦の「敗戦国」という枠組みにとらわれ、やってもいないことに土下座し続ける「謝罪の宿命」にとらわれたままだったろう。

高市氏の言葉から連想したが、24、25年前、まだ衆院当選2回で無役だった安倍氏と雑談を交わしていて、当時は「首相に最も近い男」と呼ばれていた自民党の加藤紘一元幹事長の話題になったときのことである。私が加藤氏の左派的言動について「困ったものですね」と言うと、安倍氏はあっさりと答えた。

「まあ、だけど私はあんまり心配していないいんだけどね。だって、加藤さんのような考え方の人は、自民党内を見回しても加藤さんの下の世代にはあんまりいないだろう。だから、将来的には大丈夫だ」

当時は加藤氏や、そのライバルでどちらがより親中的かを競い合っていた河野洋平元衆院議長、また野中広務元幹事長や古賀誠元幹事長ら「和式リベラル」が自民党の主流派だった。

安倍氏は、そういう時代は長くは続かないと見越していたわけである。現在でも自民党内にはまだ左派・リベラル色が根強く残るが、少なくとも主流派ではない。あの時代のような極端な左傾化や、対中、対北朝鮮融和、軍事忌避の傾向はみられない。

この頃の自民党の政治家には、安全保障音痴が多かった。結果的に有事関連法、テロ対策特別措置法、改正自衛隊法などを成立させた小泉純一郎元首相も実はそうだった。安倍氏は後に私に、小泉政権発足時の官房副長官時代のことを振り返った。

「小泉さんは外交・安全保障政策は白紙状態だったから、（安倍氏に近かった外交評論家の）岡崎久彦元駐タイ大使とともに大いに吹き込んだよ」

米国のブッシュ大統領と親密な関係を築いた小泉氏だったが、安倍氏によると当初は「日米同盟」という語彙《ごい》もなかった。実際、小泉氏は01年4月の就任記者会見の際も、普通は日米同盟というべきところで「日米関係の友好」という表現を使っている。

そんな小泉氏は安倍氏と岡崎氏の4時間にわたる説得を受け、就任記者会見では集団的自衛権の政府解釈見直しにも言及している。ただこれは、「途中で解釈変更のハードルの高さに気付き、面倒になった」(安倍氏)とみられ、在任中は封印した。

この問題は結局、第2次政権時代の安倍氏が15年、集団的自衛権の行使を限定容認する安全保障関連法を成立させて決着する。日本のために必要だと思えば、たとえ何年かかろうと成し遂げるのも安倍氏の真骨頂である。

十二使徒のように奔走《ほんそう》

話は前後するが、安倍氏の生き方、考え方が首尾一貫しているのは、若手議員の頃からそうだった。誰よりもぶれない。

00年5月に安倍氏に、当時の産経新聞読書欄に連載されていた「私の一冊」というコーナーに登場を願ったことがある。感銘を受けた本を1冊選び、感想と解説を加えてもらうという記事である。

安倍氏は高校3年生の時に読んだという遠藤周作のキリシタン小説『沈黙』を選んだのだが、そこでもすでに「留魂碑」の由来となった吉田松陰について私のインタビューにこう語っている。

「松陰先生もある意味で非常にストイックで、打ち首となることで『神』に近い存在になった。松陰先生の死後、門下の松下村塾生らが明治維新を完成させたが、キリストの十二使徒も、師の死後に熱心な布教を開始しており、何か似ている気がする」

今回、改めてこの一節を読みながら、暗殺された安倍氏はわれわれにとってどういう存在だろうかとしばし考えた。現代日本に、十二使徒のように奔走する者は果たしているのだろうかと。

ともあれ、安倍氏はインタビューで、後の理想を胸に抱きながらもあくまでリアリスト政治家として振る舞う姿の片鱗《へんりん》も、このとき既に見せている。

「こうした本を通じて思ったのは、一つの理念、ビジョンを持つ政治家になりたいということだった。しかし、思想家ではない政治家に求められるのは、理念や理想をあくまで追求することではなく、現実の世界で結果を出すことだ。そういう大きな判断を政治家はしていかなくてはいけない」

「先日、自由党の小沢一郎党首が『理念』を主張し連立を離脱したが、理念で生きたほうがいいか『現実』に生きたほうがいいかは、結果を見なければ分からない」

結果は言うまでもないし、小沢氏の場合は本当に理念だったかどうかも疑わしいが、安倍氏の本質はこの頃から変わっていないことは明らかだろう。

この頃、安倍氏は政治について語る評論家や作家らに対し、こんな言い方をよくしていた。

「彼は思想家だよね。思想家ならばこれでいいけど、われわれ政治家は現実と直接、向き合わないといけないから」

それから5年余りがたった05年8月の小泉首相による郵政解散・総選挙は、安倍氏がこつこつと築き上げてきた自民党内の保守勢力の地盤をズタズタにした。安倍氏の同志の多くが郵政法案に反対して党籍を離れ、刺客を立てられることになったからである。

衆院第一議員会館にあった事務所内で、自民党幹事長代理を務めていた安倍氏が、うめくようにこう語ったのをよく覚えている。

「彼らは間違っている。自分のやりたいことを実現しようと思うなら、権力の近くにいなければならない。郵政民営化なんて本来、われわれが目指していることに比べたら、どうでもいいことではないか」

やりたいこととは、例えば憲法改正であり拉致問題解決であり、安全保障の充実や教育正常化だったのだろう。安倍氏にしてみれば、どうしても郵政法案がダメだと思うなら、小泉政権後に再改正すればいいことだと考えていたのではないか。それよりも、当選回数を増やして党内で発言力と権限を持つべきだと……。

当時、私が「安倍シンパの分断選挙」「保守系の議員連盟はズタズタに」という記事を書いたところ、たまたま衆院第1議員会館前で行き会った安倍氏にすれ違いざまに「記事はその通りだ」と言われたのだった。

だが、安倍氏はそこであきらめ、沈むことはなかった。同志たちといったんは離れ離れとなったが、小泉氏の官房長官となって権力の階梯《かいてい》を登り、第1次安倍政権では党総裁として郵政造反組を復党させた。

その際にはマスコミに「郵政票目当てだ」などと批判されたが、安倍氏は内閣支持率の低下も織り込み済みで、将来「やりたいこと」をやる布陣を整えるために保守系議員を戻したのである。

そして、彼らは第2次安倍政権をつくる大事な基盤勢力となり、第2次政権では閣僚や党幹部として安倍氏を支え、活躍した。

同居する優しさと執念深さ

安倍氏は第1次政権でも第2次政権でも、一気に権力の階梯を駆け上がったかのように描かれることが多いが、実際は一歩一歩、確実に進んできたのである。

勝負をかける時は一気に動くが、勝算がない戦いに不用意に飛び込むような愚行はしないのが、安倍流だといえる。誰にもまねできないような優しさと、決してあきらめない執念深さが、安倍氏の中では同居していた。

高市氏が「安倍氏に代わる人なんていない」と言ったように、誰も安倍氏と同じことはできない。簡単に後継者といえる存在など出てくる道理がない。

それぞれが安倍氏がまいた種の一つとして、それぞれの場所で身の丈に合った花を咲かせ、実を結んでいくしかない。

安倍氏が亡くなってからの1年間で、「日本は大きく変わってしまった」「こんなことになるとは思わなかった」といった声をよく耳にする。だが、いくら繰り言を言っても安倍氏は戻らない。

昭恵さんは安倍氏の葬儀で「主人は種をいっぱいまいている」と述べ、一周忌では「どうか奮起を」と参列者に促した。いつまでも同じ場所で悲しみ、うずくまっていても仕方がない。この昭恵さんの言葉を胸に刻み、非力でも前を向いて進むしかない。

「保守派」インフレ時代に放った本物の輝き

（2019年7月）

安倍晋三首相は本当に保守なのか――。正論編集部から投げかけられたこの問いに答える前に、安倍首相や故中川昭一財務相らその仲間がいわゆる「保守派」として台頭し、苦闘してきた「平成」とは、どんな時代だったかについてまず振り返りたい。

平成に関してはいろんな切り口や分析手法があろうが、筆者はこう感じている。

最初の10年間は、日本が戦後一番左傾化していた時代だったといえる。朝日新聞が何か堰《せき》が切れた後の洪水のように慰安婦報道を繰り返し、朝鮮半島で女性を強制連行して慰安婦にしたと偽証した職業的詐話師《さわし》、吉田清治を十数回にわたって取り上げ、事実関係に疑問を呈されても鼻で笑って無視した時代だった。

朝日新聞の一連の慰安婦報道に慌てふためいた宮沢喜一内閣は、「強制連行20万人」「その大半は朝鮮女性」などといった荒唐無稽《こうとうむけい》な報道内容の真偽も確かめず、韓国に土下座外交を続けた。

その宮沢内閣で相次いで官房長官を務めた加藤紘一氏と河野洋平氏は、ライバル関係にあったこともあり、どちらがより韓国に頭を深く下げるか競争しているかのようにも見えた。

日本側の証言も物的証拠もないまま慰安婦募集の強制性を認めた1993(平成5)年8月の河野官房長官談話に関し、元外務省首脳によると河野氏は「発表は『えいやっ!』で決めたと語っていた」という。それが、被害者に寄り添った「英断」だと評価されていたのだった。

宮沢内閣の総辞職直前に、根拠なき「えいやっ!」で世界に「慰安婦イコール強制連行された性奴隷説」を広められたのだから、日本もたまったものではない。このとき、河野氏は官房長官であると同時に自民党総裁も兼ねていた。

安倍首相が初当選したのは、こんな年であり、戦前・戦中を身をもって経験した世代が徐々に社会の第一線から引き始めた時代でもあった。代わりに、戦中・戦後の悲惨な時期だけを記憶に持ち、戦後について実体験からではなく観念的に「とにかく日本が悪かった史観」を植え付けられた世代が、社会の中枢を占めていく。

その後、自民党から政権を奪取した細川護熙《もりひろ》首相(日本新党代表)は先の大戦について、歴代首相として初めて明言した。

「私自身は侵略戦争で、間違った戦争だと認識している」

そして94年6月には、自民、社会、さきがけ各党による「自社さ」政権ができるが、自民党は社会党の種々の要求を飲まざるを得なくなり、外交政策や歴史認識問題でさらに左旋回する。

社会党出身の村山富市首相は95年8月、日本の植民地支配と侵略に痛切な反省と心からのおわびを表明した村山談話を出す。

これは安倍首相自身が2015年8月に戦後70年にあたって「安倍談話」を出して「上書き」するまで、日本外交を社会党史観で鋳型《いがた》にはめ、手足を縛り続けた。

かつては現実主義者が「右翼」

1998年7月に刊行された立憲民主党の辻元清美国対委員長(当時は社民党所属)が、村山氏にインタビューした書籍『そうじゃのう……』には、村山氏が加藤氏を次のように褒める場面が出てくる。「加藤幹事長など自社さ派のメンバーを見れば、それはリベラルじゃね。(中略)やっぱり、中曽根さん(康弘元首相)とかああいう古い体質からは、抜けだしとる」「今の加藤紘一さんやら、ああいう若手の連中が主導権を握っておれる体質というのは、以前から見ればうんと変わっていますよ」

これに対し、辻元氏も加藤氏に親近感を示して、こう高く評価してみせている。

「自民党にも、社会民主主義的なにおいのものが大事だと感じている人もいるわけです。加藤紘一さんなんかもそうですね……」

この頃、加藤氏は自民党内でプリンスとも「首相に最も近い男」とも呼ばれていた。繰り返すがそんな時代だったのであり、加藤氏が首相にならなくてよかったと心底思う。加藤氏が出る必要のない党総裁選に出馬して小渕恵三首相を激怒させ、その後二度と主流派となることができなかった「政局感のなさ」に心から感謝したい。

外務省チャイナスクール(中国語研修組)出身で、後には「米国と中国のどちらかを選ぶというなら、私は中国を選ぶ」と明言した加藤氏が首相に就いていれば、日本は引き返せない間違った道を歩んでいたかもしれないのである。

加藤氏とどちらが親中派か、中国に忠誠心があるかでも競い合っていた河野氏が、トップになっていても同じことだったろう。外務省の中国課長経験者によると、加藤氏と河野氏は片方が訪中すると慌ててもう一方も訪中し、時の日本の首相の悪口を言っていたという。そして、そんな両氏を中国は表向き歓待しつつ、内心では軽蔑していたとも。

自社さ政権が発足した結果、社会党の支持母体である日教組が文部省(現文部科学省)に入り込み、裏で通じ合うようになったのもこの頃である。

当時、「保守」という言葉は現在と同じような文脈ではあまり使われることはなかった。左右のイデオロギー的な対立はもちろんあったが、それは現在のように「保守派対左派・リベラル派」ではなく、もっと直接的に「右翼対革新」と呼ばれることが多かった。

自民党内やマスコミの間で「保守本流」と言えば、吉田茂元首相から続く軽武装・経済最優先主義のことであり、むしろ宏池会に代表されるハト派やリベラル派を指していた。

今でこそ「保守本流のどこが保守なのか」という疑問が示されるようになり、マスコミも保守本流という言葉をあまり使わなくなったが、当時は何となくそういうものだと受け入れられていた。

現在大きく保守派としてくくられる勢力は、この頃はあくまで「右翼」「右派」という扱いだった。自国の歴史や伝統、文化を尊重し、安全保障政策では現実主義の道を選ぶことのどこが右翼なのか。マスコミの主流派も明確に保守派を異端視し、愚かで危なっかしい戦前の残《ざん》滓《し》とみていた。

左派・リベラルの政治家もマスコミも図に乗り、インターネットという国民による監視機関がまだ普及していなかったこともあり、野放図に自分たちの主張やイデオロギーをまき散らしていた。

そんな時代の空気に抗《あらが》い、異を唱えて立ち上がったのが安倍首相とその同志たちだったのである。

96年には、検定結果が公表されたすべての中学歴史教科書に、慰安婦強制連行説が掲載されるという事件があった。それをきっかけに、安倍首相は翌年、自らが事務局長となり、中川氏を代表として「日本の前途と歴史教育を考える若手議員の会」を発足させた。

この会は当初は大きく報道されることはなかったが、朝日新聞をはじめとする左派勢力が喧伝《けんでん》した慰安婦強制連行説や、彼らが褒め称えてきた河野談話の実態を解明する上で大きな足跡を残した。

安倍首相はこのほか当時、党幹部らににらまれつつも拉致問題や朝銀信用組合問題、靖国神社参拝問題、外国人地方参政権問題などのさまざまな議員連盟の中心にいた。議連への出席人数を増やすために、自ら他の議員事務所に電話をかける姿もよく見られた。

ほとんど誰にも相手にされなかったというものの、99年の時点での国会質問で、集団的自衛権の限定行使の必要性を主張していたことも特筆すべきだろう。

安倍首相は若手議員のころから倦《う》まず弛《たゆ》まず、自分の考えを主張し続け、根回しも行って徐々に党内の空気を変えていった。

もちろん、安倍首相一人の手柄ではないし、あまりにも左にぶれていた社会の揺り戻しのような部分もあったのだろう。ただ、それでも、もし安倍首相がいなかったら、日本は現在とは全く異なる国になっていただろうと思う。

左派勢力を封じ込めた安倍氏

そして、平成の次の10年間はどうだったか。2001年9月の米中枢同時テロの発生や、02年9月の小泉純一郎首相(当時)の北朝鮮初訪問時に北側が拉致の事実を認めたことにより、国民に国際情勢の真実を知る覚醒の機会が訪れた。

世界は「平和を愛する諸国民の公正と信義」で構成されているわけではないことを、平和ボケの日本人が知り始めたのである。

こうした中で、古くから拉致問題に取り組んできた安倍首相は、強い追い風を受けて06年9月に第1次安倍内閣を発足させるが、政界・マスコミ界など「旧勢力」の激しい反発と抵抗を受ける。

安倍首相が成し遂げた教育基本法の改正も、防衛庁の「省」昇格も、国民投票法の整備も、旧勢力にとっては自分たちが安住してきた既得権益を壊すものだった。

彼らの総攻撃の最中、持病の悪化で安倍首相はわずか1年間で退陣した。その後を襲った福田康夫元首相は、これといって特にやりたい政策もないリベラル派で、ひたすら自民党を古色蒼然とした「安倍以前」に戻そうとした。

旧来の守旧派保守と差別化するための「真性保守」という言葉が流行ったのも、そんな時期だった。

福田氏が首相の座を1年で投げ出し、政権は安倍首相の盟友である麻生太郎元首相が担うことになったが、もはや自民党政権自体がもたなかった。麻生氏は安倍首相と集団的自衛権の政府解釈変更を約束していたが、そんな政治的エネルギーは残っていなかった。

そうして「悪夢のような民主党政権」が誕生し、3年3カ月続く。左派・リベラル派は活気づき、鳩山由紀夫元首相や菅直人元首相らを持ち上げたが、その結果はご存じの通りである。

民主党応援団だった朝日新聞は11年元日の年頭の社説で、憂鬱そうにこう書いている。

「なんとも気の重い年明けである。民主党が歴史的な政権交代を成し遂げてから、わずか一年四カ月。政治がこんな混迷に陥るとは、いったいだれが想像しただろうか」

あなたたちの目が曇っていただけだろう、この結果は十分予想できたと思うが、ともあれ民主党政権が掲げていた外国人参政権付与や夫婦別姓（親子別姓）制度の導入などの左派政策は回避できた。これらは福田政権のときにも浮上したし、自民党内の「保守本流」の中にも賛成するものが少なからずいたのだった。

ともあれ、平成20年代の前半は、リベラル左派勢力がかつての夢よもう一度とばかりに勢いを取り戻しかけた時代だった。

そこに安倍首相が再登板して、「中国や韓国とは仲良くしよう」「中国や北朝鮮は脅威ではない」などとお花畑に遊ぶような空論を排し、もう一度現実主義的な路線を敷いたのである。

「にわか保守派」と「和式リベラル」

平成20年代の後半は、安倍首相が政権を握ってきた。それでかろうじて日本はもったと率直に感じる。令和の御代へのスムーズな代替わりにしても、皇室から内々、感謝のお言葉があったように聞く。

少なくとも、安倍首相と仲間たちが自民党内やマスコミ主流派らから冷笑されながらも戦い、一つひとつ積み重ねてきた努力がなければ、今のように「保守」という位置づけが当たり前のように通用する時代にはなっていなかった。

今や、これまではリベラル左派とみられていた立憲民主党の枝野幸男代表ですら、「真の保守は安倍首相ではなく私だ」と主張するようになったのである。

左翼そのものである社民党の福島瑞穂元党首が、自分たちを「左派」とは言わずに「リベラル」と自称するように、言葉の意味や印象は移り変わっていく。

冒頭の問いに戻ると、筆者はここ数年、安倍首相や自分自身がいわゆる「保守」かどうかはどうでもいいと感じている。
12、13年ごろ、筆者が環太平洋戦略的経済連携協定（TPP）に前向きな評価を述べたところ、インターネット上で「国賊」リストに入れられた。最近も、皇位継承は伝統にのっとって男系男子を尊重するべきだと書いたら、漫画家の小林よしのり氏に「逆賊」と批判されていた。
レッテルを貼ることで対象を理解したつもりになるのは、思考停止でありみっともない。にわかに保守派が増えたことによって、自分の主義主張と違う部分がある相手を、異物として排除しようとする人もまた増加した。

一方で現在の左派はというと、堂々と「自分は左だ」と名乗る勇気もなく和式リベラルに擬装し、非現実的で非生産的な批判ばかり繰り返している。

筆者はここ最近、この拙稿のように便宜上、使わざるを得ない場合を除き、保守という言葉は使用しない。言葉の定義づけ論争には、関心がないからである。

悪化する持病と去り際の美学

（2020年11月）

「日本を取り戻す。この思いのもと、皆さんとともに政権を奪還し、みんなが夢に向かって進んでいくことができる日本、世界の真ん中で輝く日本を目指し、全力を尽くしてきました。（中略）本日、自民党総裁のバトンを菅義偉新総裁に渡します。この7年8カ月、官房長官として、国のために、そして人のために、黙々と汗を流してきた菅さんの姿を私はずっと見てきました。この人なら間違いない。この思いを皆さんと今日一つにできたのではないか。令和時代に最もふさわしい自民党の新総裁ではないでしょうか」

2020（令和2）年9月14日の自民党両院議員総会で菅新総裁が選出された直後、安倍晋三首相（当時）は自らの退任のあいさつで、菅官房長官（同）の門出を祝福した。

立ち上がり、安倍首相に向かって深々と一礼をした菅氏は続いてあいさつし、こう呼びかけた。

「まずは自民党総裁として約8年、首相として7年8カ月にわたって、日本のリーダーとして国家国民のために大変なご尽力をいただいた安倍首相に、心から感謝申し上げます。ぜひ万雷の拍手を安倍総理にお願いをします」

2人は目を赤くしていた。その光景を見ていて「こんな真情あふれるエール交換、トップの交代劇は、みんなバラバラの民主党系の政党では見られない場面だろう」と感じた。安倍首相は同日夜、こう語っていた。

「菅さんに促されて(党所属議員の)スタンディングオベーションが起きたときは、私も感動した」

首相に不可欠な条件

安倍首相は、もともとは後継首相に岸田文雄政調会長(当時)を想定していた。19年秋ごろから、周囲に「岸田さんは誠実な人柄だ」「約束を守る人だ」などと何度も強調しており、自然に岸田待望論が盛り上がるのを期待していたフシがうかがえる。

その前年、18年9月の自民党総裁選時には、岸田氏の優柔不断さに不満を漏らしていただけに、「ああ、岸田さんでいこうと決めたのだ」と分かった。このときの総裁選では、岸田氏は自分も出馬すべきかどうか逡巡し、最後には安倍首相に面会して「私が出たほうが首相にとってもいいのでは」と尋ねるありさまだった。

このとき、安倍首相に「これでは、次は菅さんしかいないのではないか」と言ったところ、こんな言葉が返ってきた。

「私も最近、そう思うようになってきたよ」

その後、安倍首相はだんだん岸田氏に傾いていき、周囲にもその意向をほのめかしていたが、同時に発信力が弱く、いつまでたっても人気も知名度も高まらない岸田氏で本当にいいか悩んでもいた。

後継候補を岸田氏一人に絞るわけにはいかない――。20年7月2日に行われた『月刊Ｈａｎａｄａ』9月号のインタビューでは、安倍首相はポスト安倍をめぐり菅氏についてこう明言した。

「有力な候補の一人であることは間違いない」

それから持病の潰瘍《かいよう》性大腸炎が徐々に悪化し、すでに体調に異変が出ていた7月21日の時点では、再び菅氏を後継とする案に言及し、私に岸田氏の物足りなさを嘆いていた。

「（安倍首相の足を引っ張り、後ろから石を投げ続けた）石破茂元幹事長が首相になることは、とにかく避けなければならない。だとすると、菅さんも候補の一人ではある」

「岸田さんはあまりにもねえ。岸田さんと同じ宏池会の流れをくむ谷垣禎一元総裁のときも……」

谷垣氏は12年9月の総裁選で、現職総裁として立候補を表明していたにもかかわらず、党ナンバー2の石原伸晃幹事長(当時)の出馬を止められず、身を引いている。

安倍首相は当時、野党・自民党を率いた谷垣氏の功績を評価しつつ、こう指摘していた。

「どうして谷垣さんじゃダメだったかというと、(民主党政権を)衆院解散に追い込めなかったからじゃない。そうではなくて、人気がないから代えなければいけなかった」

その谷垣氏の姿に、岸田氏がだぶって見えたのだろう。首相・総裁は選挙の顔という役割を負うことになる。

「痩《や》せたいと思うときには痩せない」

筆者は12年10月、谷垣氏へのインタビューで、苦しかった時代の自民党を牽引《けんいん》してきたにもかかわらず、有権者の評価につながらなかった理由を聞いた。すると谷垣氏からこんな答えが返ってきた。

「結局、私自身の能力、発信力のなさもあるが、やっぱり政党のトップには自分が目立つことも必要なのかもしれない。俺がトップなんだから、俺が目立つという工夫がもっと……」

一方、岸田氏は今回の総裁選最中の9月12日の総裁選公開討論会（日本記者クラブ主催）で、率直にこれまでの自身の言動を振り返っていた。

「総裁選を通じて改めて感じたことは、今日までの私の発言は外相だったり、党政調会長だったり、その立場にとらわれ過ぎてきた。自分自身でそれぞれの立場における則《のり》みたいなものをつくってしまって、発言はその範囲を超えることをためらっていた。個人として自由に発言できる立場に立って初めて気づいた」

その通り、この日の岸田氏は闊達で、身振り手振りも3人の候補者の中で一番大きく、個性が際立っていた。安倍首相も「岸田さんは、最初からああしていればよかった」と語っていたが、今後の活躍が期待できるのではないか。

ともあれ今夏にかけて、自民党内では安倍首相の盟友である麻生太郎副総理兼財務相や、二階俊博幹事長ら実力者たちの間で、岸田氏ではダメだとの空気が共有されていった。

その後、安倍首相の病状はさらに悪化する。8月6日の広島、9日の長崎のそれぞれの原爆平和記念式典への出席は「かなり辛そうだった」（首相周辺）という。秘書の1人は、15日の戦没者追悼式で、天皇、皇后両陛下の前で倒れはしないかと心配していた。

実際、8月半ば頃からは、安倍首相の周囲にいる人たちから「いざというときには、あなたにも連絡が行くと思う」「政界一寸先は闇」といった微妙な言葉を聞くようになった。

「辞任も想定しているのか」とも思えたが、17日に慶応大病院で検診・治療を受けた後の安倍首相はそれまでより元気に見えたので、何とか克服して憲法改正や拉致問題など諸課題に取り組んでもらえるものと期待していた。

慶応大病院を訪れた後も、痩せたのではないかと問うと、冗談交じりこんな軽口が返ってきた。

「痩せたことは痩せた。あなたもそうだろうけど、痩せたいと思うときには痩せないものなのにね」

連続在職日数が歴代最長だった大叔父の佐藤栄作元首相と並んだ23日も、声には張りがあり体調は悪くなさそうに思えた。ただこの日は会話の最後に、安倍首相が「私は持病と付き合っているからね」とわざわざ付け加えたことが気になってはいた。

政治的良心で臨んだ辞任劇

安倍首相は8月28日、とうとう退陣表明の記者会見を行う。この日午後2時9分、秘書官の一人から「退陣表明です。申し訳ありません」との短いメールが届いた。おそらく、周囲にも辞任を思いとどまるように説得してきた人たちがいたが、首相自身の意思が固かったのだなと受け止めた。

後に安倍首相は8月24日に再び慶応大病院を訪れ、点滴治療などが長引くとの見通しを聞いて判断したと明かした。ずっと自身の体と向き合いながら、国際情勢やコロナ禍への対応も考え抜き、最後に一人で決断したのであれば「是非に及ばず」である。

安倍首相と衆院当選同期で親しい荒井広幸内閣官房参与からも、こんなメールが来た。

「潰瘍性大腸炎悪化の苦痛により、国民の命をあずかる総理として、政治判断を誤るようなことがあってはならないというご自身の信条と察します。この政治的良心での辞職は立派です」

責任感の塊である安倍首相は、病状が悪いときに、自衛隊の最高指揮官が務まるかどうかも考慮したのは間違いない。8月28日の記者会見で、国民に感謝を述べた場面は感動的だった。

「この7年8カ月、さまざまな課題にチャレンジしてきました。残された課題も残念ながら多々ありますが、同時に、さまざまな課題に挑戦する中で、達成できたこと、実現できたこともあります。全ては国政選挙のたびに力強い信任を与えてくれた、背中を押してくれた国民の皆様のおかげであります。本当にありがとうございました」

迷走と失政の末に首相を退くにあたって「国民が聞く耳を持たなくなった」と、まるで国民が悪いと言わんばかりのことを述べた鳩山由紀夫元首相に、爪《つめ》の垢《あか》を煎《せん》じて飲ませたいところである。

ただ、そんな中でも感傷にひたる間もなく、総裁選に向けたさまざまな動きは加速していく。辞任表明のわずか2日後の8月30日には、二階氏に近い党幹部が「菅さんが、安倍首相の後継を選ぶ総裁選に出馬する意向を二階さんに伝えた」との情報を流し、一気に菅総裁実現への流れをつくった。

この日夜、安倍首相は後継は菅氏がいいかとの周囲の問いに、こう答えた。

「なかなか（辞めていく）私の口からはどうとも言えないが、一番安定感があるのは事実だ」

翌8月31日には、出馬を明言している岸田氏が首相官邸を訪ねて安倍首相と面会し、支援を要請してきた。だが、首相は首を縦には振らず、周囲にこう語った。

「支援をしてくれと言われても、私が岸田さんを支持するわけにはいかない。（ずっと安倍政権を支えてきた菅さんが出るという）特別な事態になったからね。菅さんが（後継首相を）やってくれると、路線的に重なる。良かったんじゃないか」

無派閥の菅氏は、あれよあれよという間に鉄板の最有力候補となっていく。9月1日には、安倍首相はこう漏らした。

「岸田さんにはちょっと気の毒なことになったけど、(石破氏を破り)2位になってくれればいい」

辞任表明が変えた世論と朝日の歯ぎしり

皮肉なことに、安倍首相の辞任表明後、安倍内閣や自民党の支持率は大きくアップした。安倍たたきの確信犯である朝日新聞が9月2、3両日に実施した世論調査でも、71%もの人が安倍政権の実績を評価するとの数字が出た。

コロナ禍におけるストレスのはけ口として、安易に安倍政権を批判していた国民も、安倍首相の病による辞任表明という現実を見て、冷静になったのだろう。

安倍首相自身もこの結果には驚き、9月8日にはこんな感想を述べている。

「朝日もこんなことになるとは思わなかっただろう。結果として、(辞任表明は)良かった。世論を変えた」

そして9月14日夜には、菅氏が新総裁に選出されたことを受けて、早速菅氏を気遣っていた。

「(首相の座に就く)菅さんもこれから大変だ。党両院議員総会のときの顔もすでに緊張していたけれど、首相は人事でも何でも、基本的に一人でやらないといけない。外国と違って国政選挙も多いし、国会にも長時間縛られる」

安倍首相の盟友である麻生氏は首相時代、首相に必要な資質を問われてこう語っている。

「どす黒いまでの孤独に耐えきれるだけの体力、精神力がいる」

また、小泉進次郎環境相は、父の純一郎元首相の退任時を振り返り、「感じたのは『生きて家に帰ってきた』だった」と首相の職務の過酷さを指摘している。

政治家の中には、菅直人元首相のように伸子夫人に「あの人はずっと楽でした。きついことは一回もなかった気がする」と語らしめる人間離れした神経の持ち主もいるが、ふつうはそうはいかない。

それほど首相という地位と仕事は、日一日と命を削るものなのである。菅義偉新首相もこれから、この責任と重圧にずっと向き合っていかなければならない。

安倍首相は9月11日には、憲政史上最長となった政権の座から降りる心境を語った。

「全力投球で毎日、毎日走り続けてきて、ようやく肩の荷を下ろすことができる。次の首相は、8年近くもの長く、私を官房長官として支えてくれた菅義偉さんとなりそうで安心している。これからは、一議員としてしっかり菅政権を支えていきたい」

さばさばとした明るい口調が、かえって7年8カ月にわたり背負い続けてきた重圧のすさまじさを表すようだった。

8月23日には、これまでを振り返り「長かった。めちゃくちゃ長かった」と述べていたが、偽らざる感想だったのだろう。

総裁任期を1年も残し、憲法改正や拉致問題解決など何としても自身の手でやり遂げたかった諸課題を残しての退陣である。安倍前首相はもちろん、その信念と手腕に期待してきた国民にとっても、悔しく残念な決断だったことは言うまでもない。

ただ、完治しない持病とだましだまし付き合いながら激務にあたってきた安倍前首相の労苦を思うと、どこかほっとしてもいる。

安倍前首相は何をやってもやらなくても、通常は全く問題にされないような事案でも、根拠もない言いがかりを含めてマスコミに批判され続けてきた。マスコミに騙《だま》され、あるいは誘導されて安倍政権批判に走る国民も多かった。

左傾化社会の立て直し

今回の退陣劇には、07年9月に第1次安倍政権がついえたときのような喪失感はない。当時の衝撃の大きさは、安倍首相の辞任でその成果や路線は完全に否定され、骨抜きにされ、日本の国際的影響力は失墜し、与党は大きな改革や法改正を避けるようになり、世論に迎合してポピュリズムに走るだろうことが予想できたからだった。

そして世論と国民に取り入りさえすればいいとする傾向は、政権交代による民主党政権誕生で完成をみた。政治は機能不全に陥り、日本は、坂道を転がり落ちるように小さな存在になっていった。

筆者は前回の安倍首相辞任当時は「これで日本は10年は時を失うだろう」と考えていた。

「われわれは安倍さんを単騎突撃させ、討ち死にさせてしまった」

第1次政権崩壊後、同志である衛藤晟一参院議員は、すべての案件で自ら矢面に立ち、倒れた安倍前首相についてこんな後悔の念を語っている。歴史認識問題や安全保障問題で野党や左派メディアと闘いながら、十分な味方の支援がないまま一人で敵陣深くに切り込み、刀折れ矢尽きた前首相の姿が目に浮かぶ。

筆者も当時、安倍首相の前任の小泉首相には政権を支える安倍官房副長官（後に官房長官）がいたが、安倍首相には安倍氏がいないと何度も痛感していた。

だが、安倍首相は「日本を取り戻す」と訴えて5年3カ月で早くも首相の座に返り咲き、第1次政権の宿題に取り組んだ。

第2次政権以降の安倍首相には菅氏や今井尚哉首相補佐官をはじめ首相を支え、守り、ともに戦う多くの人材が集った。再び病に取りつかれはしたものの、戦略的撤退を図るだけの余力は残った。安倍首相打倒を目指す野党やマスコミの偏執狂的なまでの総攻撃を、最後までしのぎ切った。

「自分は一度、政治的に死んだ人間だ」

「日本中から『お前はダメだ』という烙印《らくいん》を押され、地獄を見てきた」

退陣後、「辞め方が悪い」などと激しい非難や嘲笑を受けてきた安倍首相は、12年9月の自民党総裁選に再び挑む前後に、よくこう述べていた。そんな地獄に耐え、くぐり抜けて退陣後に再び首相となったのは64年ぶり、吉田茂元首相以来の壮挙だった。

66歳とまだ政治家としては若い安倍首相には、今後もまだまだ活躍の場は多々あるだろう。本人にその気がなくても、時代が要請すれば3度目の登板の機会もありうる。

ただ今は、長い長い闘いをへて左傾していた社会を立て直し、時代の流れを大きく変え、日本の針路を指し示した大宰相に感謝し、衷心《ちゅうしん》よりお疲れさまでしたと言うにとどめたい。

第2章　世界が刮目した防衛・外交のレガシー

日本人に覚醒迫った「核共有発言」の真意

（2022年12月）

「台湾問題を解決し、祖国の完全統一を果たすのは党の歴史的任務。最大の努力を尽くし平和統一の未来を堅持するが、武力行使の放棄は約束しない。祖国の完全統一は必ず実現しなければならないし、必ず実現できる」

中国の習近平国家主席は2022年10月の中国共産党大会での中央委員会活動報告（政治報告）で武力行使、すなわち台湾への軍事侵攻を放棄しない考えを改めて表明した。すぐに頭に浮かぶのは、安倍晋三元首相が21年12月の講演で述べた次の言葉である。

「（中国による）台湾への武力侵攻は、必ず日本の国土に対する重大な危険を引き起こす。台湾有事は日米同盟の有事であり、日本有事だ」

実際、中国人民解放軍は22年8月には、日本の排他的経済水域（EEZ）に弾道ミサイル5発を着弾させている。「図らずも中国自身が自ら（安倍氏の）その言葉の正しさを証明した」

（自民党の萩生田光一政調会長）と言える。

中国外務省はそれまで、安倍氏の発言に対し「公然とでたらめを言った」「極めて誤った言論で、中国の内政に乱暴に干渉した」などと口を極めて批判していただけに、中国政府の公式コメントの空々しさが浮かび上がる。

そもそも中国は根拠なく尖閣諸島（沖縄県石垣市）を台湾の一部だと主張している。台湾に攻め入る時には、尖閣も掠《かす》め取ろうとするとみて間違いない。

台湾東方に位置する与那国島など他の先島《さきしま》諸島も、台湾防衛のために不可欠だと主張して占領する可能性は決して低くない。沖縄本島にしても危ない。

安倍氏は、ごく当たり前のことを言ったに過ぎないのである。

現実を直視し対応策を講じるべき

無役の若手議員の頃から、政府の珍妙な憲法解釈で「権利はあるが行使はできない」とされてきた集団的自衛権の行使容認を国会で訴えてきた安倍氏だが、21年以降の安全保障問題に関する発信は特に際立っていた。激変する国際情勢の中で、安倍氏自身の危機感も高まっていたのだろう。

中国、ロシア、北朝鮮と三方を核兵器を保有する独裁国家に囲まれた日本が、核の問題から目をそらしてはならない。現実を直視し、あらかじめ対応策を講じておくべきだという問題意識が、安倍氏には非常に強かった。

その中で安倍氏がテロリストの凶弾に倒れた今ではほとんど話題になることがなくなったものの、「核共有（ニュークリア・シェアリング）」の議論に関する問題提起は戦後日本の核タブーに踏み込んでおり、特筆すべきだろう。

安倍氏はロシアによるウクライナ侵略が始まって3日後の22年2月27日のタイミングで、フジテレビ番組で米国の核兵器を自国の領土・領海内に配備して共同運用する核共有について口にした。

長年核アレルギーが甚だしかったわが国では、一昔前なら激烈なバッシングが起きる場面である。ところが、現実の戦争を目の当たりにした今回はそうはならなかった。岸田文雄首相や公明党の山口那津男代表は、核兵器を持たず、つくらず、持ち込ませずの「非核三原則」堅持を訴えてこの論を否定したが、国民は比較的冷静に受け止め、議論は国会や論壇で盛り上がった。

テレビ発言翌日の28日に、安倍氏に発言意図を問うと、こんな答えが返ってきた。

「核共有をやろうというより、考えろということ。核共有に替わるものが何かあるのかも考えなければならない。ドイツとかベルギーとかきれいごとを言っているが、米国と核をシェアしているんだから。これもあまり知られていないでしょ」

同番組で安倍氏は、北大西洋条約機構（NATO）のドイツやイタリア、オランダなど5カ国が米国と核共有していることにも言及していた。各国が平和を維持するために現実に行っていること、負担していることについて国民に注意喚起をしたかったのだろう。

米国を確実に日本有事に巻き込む狙い

安倍氏は日本の安全保障確保のために誰よりも日米同盟を大切にし、その不断の手入れに熱心だった。民主党政権が米国を排除した「東アジア共同体」構想や、「日米中正三角形」論でガタガタにした日米関係の立て直しに熱心で、米国における日本の存在感を高めることに腐心した。同時に、どうすればより同盟の有効性、実効性を高められるかを意識していた。

安倍氏の実績の中で最も高く評価されている集団的自衛権の行使を限定容認し、かなりの行動を可能とした安全保障関連法の制定に関しては法案審議の際、野党からこんな批判が強かった。

「地球の裏側まで米軍に付き合わされて、米国が起こす戦争に巻き込まれる」

だが、安倍氏の発想は全く逆だった。米国が攻撃されても日本は何もできないという日米同盟の片務性を放置したままではどうなるか。いざ尖閣諸島などが侵略、占領されても米国は逡巡して手を出さず、助けてくれない可能性があると認識していた。

この点に関しては、外務省内にも同様の見方は根強く、ある次官経験者はこう語っていた。

「日米安保条約があるとはいっても、尖閣が占領されたとして、あんな無人島のために米国がかわいい海兵隊員の血を流そうとするとは思えない」

そこで日米同盟の双務性を高め、米軍艦船を日本の自衛隊が防護し、グアムに飛来する敵ミサイルを撃ち落とせるようにすることで、米国を確実に日本有事に巻き込むことが狙いだった。

現に米国でトランプ政権が誕生してからの日米首脳会談では、トランプ大統領は何度も「日本は何もしてくれないではないか」と言い募った。これに対し安倍氏は、繰り返し安保関連法制定の目的と可能になったことを説明し、「それはグレイトだ」と納得させた。

その後、17年秋には米国と北朝鮮間の緊張が高まり、米国による先制攻撃があり得る状況となった際、当時の菅義偉官房長官は周囲に語っていた。

「2年前、安保関連法を成立させておいて本当によかった」

この法律がなければ北朝鮮有事の際に米国と上手く連携が取れなくなり、朝鮮半島の動乱と混乱の中で日本も危ういところだったということだろう。

結局、この時は米朝衝突は回避されたものの、北朝鮮はその後も弾道ミサイルの実験と訓練を重ねた。現在では「核兵器の小型化・弾頭化を実現し、弾道ミサイルに搭載してわが国を攻撃する能力を既に保有しているとみられる」(22年版防衛白書)ところまで来てしまった。

ましてや中国もロシアもそのレベルにはとうの昔に到達し、いつでもわが国を核攻撃できる。これが日本を取り巻く現実である。そして核兵器が使用されれば、その時は通常の戦闘とは、様相が全く異なる世界になる。

米国と核共有する独伊のリアリズム

核兵器どころか反撃能力すらまともに持たないわが国は、これらにどう立ち向かい、国民の生命、財産、自由を守るのか。安倍氏は安保関連法の次のステップを考えていたのではないか。

岸田首相とバイデン米大統領は22年5月の首脳会談で、米国の抑止力を日本の防衛・安全保障に対しても提供する拡大抑止の有効性を確認した。いわゆる核の傘で日本を守ろうというのである。日本政府は歴代、この核の傘の下に安住してきたといえる。

だが、安倍氏はその有効性と確実性に疑問を持っており、こんなことを語っていた。

「以前、ドイツのメルケル前首相に『そんなに米国が信用できるのか』と言われたことがある」

ロシアのウクライナ侵略の教訓はいくつもある。例えば、同盟国が存在しない国は、どこの国も一緒に戦ってはくれない。国連は全く役に立たない。それでも、自助努力を続ければ支援は広がり、大きくなっていく……。

そしてその代表的なものが、自国を攻撃してくるかもしれない核保有国には、他国は迂闊に手が出せないことが改めて明確になったことだろう。世界からの制裁と批判を撥《は》ね付け、核開発を進めてきた北朝鮮はほっと胸をなでおろしているのではないか。

ロシアはウクライナにおける戦術核の使用をちらつかせているし、今後、実際に使用する場面があるかもしれない。その場合でも、米国は「目には目を」と核を使うことはないというのが安倍氏の見立てだった。

安倍氏は4月下旬、東京都内の和食店で私と2人で食事をした際に、こう語り出した。

「核拡大抑止と核共有について私はよく言うんだけど、(米国と核共有している)ドイツやイタリアは、自分で相手に核を落とすんだよね」

核共有のあり方は国により異なるが、ドイツやイタリアはロシアから核攻撃されて報復する場合、米国に任せるのではなく、自国のパイロットが自国機に搭乗してロシアに核を落としに行く。

「つまり、核攻撃の被害者に対する下手人になるということだ。自分たちも攻撃された当事者だからそれができる。一方、自国は攻撃されていない米国が自ら何千、何万人も一度に殺す下手人になりたがるだろうか。米国による日本の拡大抑止は、米国に下手人になってもらうということにもなるけど、それが本当に成り立つのか」

中国や北朝鮮が、米国は日本のために核は使わないと判断してしまえば、日本が頼り切っている拡大抑止は機能しない。日本の自衛隊が核共有して相手に撃ち込む体制を取ることができれば、初めて本当の意味で相手に攻撃を思いとどまらせる抑止効果が生まれる。

拡大抑止も重要であるのは当然だとしても、それで安心して思考停止してはいけないという問題意識が安倍氏にはあった。仮にやはり日本では核共有は無理だという結論になるにしろ、さまざまな可能性はシミュレーションしておくべきだという発想である。

バイデンの脱「曖昧戦略」促した安倍論考

今や国是のように重く扱われている非核三原則に関しても、安倍氏はこう語っていた。

「あの（非核三原則の由来となった1967年の）佐藤栄作首相の答弁は、（野党だった）公明党に国会に出席して沖縄返還問題の審議に加わってもらうための取引に過ぎなかったんだから」

安倍氏が提起した敵基地攻撃能力（現在は反撃能力）も、攻撃されたら反撃するという姿勢を明確にすることによる抑止効果が期待されている。ウクライナがロシアの侵略を許したのも、核兵器を放棄し、日本と同様の専守防衛姿勢を取っていたからだろう。

また、この問題では、バイデン米政権が早々に軍事介入の選択肢を否定したことが、ロシア抑止の失敗理由として数えられている。

日本有事でもある台湾有事に関しても、米国が防衛意思を事前に明確にしたほうがいい。安倍氏はこう考えたのだろう。2022年4月には世界の経済、政治、科学、文化に影響力のある有力者の論評・分析を配信するウェブサイト「プロジェクト・シンジケート」にある論考を投稿した。

ロシアの侵略を受けるウクライナを台湾に重ね、米国が長く台湾について取ってきた中台の武力衝突の際に軍事介入するかどうか言及しない「曖昧戦略」を改め、台湾防衛の意思を明確にすべきだと主張したのである。

「時代は変化している。曖昧政策は、インド太平洋の不安要因になっている」

論考の反響は大きく、投稿して2日余りで米国、フランス、ドイツ、ウクライナ、インド、香港と約30カ国・地域のメディアで掲載された。

約1カ月後の5月23日、バイデン氏は日本での岸田首相との日米共同記者会見で、記者に「台湾防衛のため軍事的関与の用意はあるか」と問われ、「イエス」と答えた。

「それがわれわれのコミットメントだ。『ひとつの中国政策』に同意しているが、力によって奪い取れるという考えは適切ではない。地域全体を混乱させ、ウクライナで起きたことと同じような行動になる」

翌24日、安倍氏にバイデン発言の感想を聞くと、「中国には相当強い牽制《けんせい》にはなったろうね」とのことだった。

そこで私が、バイデン発言は安倍論考の成果ではと水を向けると、苦笑して答えたのだった。

「自画自賛すればそうだね」

トランプ飼いならした「猛獣外交」の極意

（2023年1月）

米国のトランプ前大統領が2022（令和4）年11月14日、予想された通り24年11月の大統領選に出馬すると表明した。民主党のバイデン政権の煮え切らない姿勢に飽き飽きした日本の保守層の間にも、期待する声は少なくない。

トランプ氏は出馬表明の際、安倍晋三元首相にも言及した。

「日本とは悪条件の貿易協定を見直さねばならなかった。交渉相手だった安倍元総理は、実に優秀で、非常に惜しい人物だった。彼は私の素晴らしい友人で、日本を心から愛していた」

（テレビ朝日のニュースより）

確かに2人の極めて良好な関係は日米関係の強化に大きく寄与した。もともと政治経験も外交経験もなかったトランプ氏にとって、安倍氏は国際社会への窓口であり、相談役だった。先進7カ国首脳会議（G7サミット）など国際会議の場で、トランプ氏がたびたび「シンゾーはどう思うか」「シンゾーの言うことには従う」と述べていたのは有名な話である。

安倍氏もまた、トランプ氏の脳裏に中国の脅威や拉致問題の重大性を刻みつけることで、米国の外交政策、方針に大きな影響を及ぼすことができた。米国が歴史上初めて、日本の外交戦略である「自由で開かれたインド・太平洋」構想を自国の戦略として採用したのも、その一環である。

日本にとって恵まれた幸福な時代だったといえるが、それはたまたま安倍氏とトランプ氏のケミストリーが合ったからといった単純な話ではない。そうした部分もあったにしろ、より重要なのは、安倍氏が努力し、トランプ氏の信頼を勝ち取ったことだろう。

安倍氏はある時、私にこう語っていた。

「政治とは、与えられた条件の中で最善を尽くすことだ」

米国の大統領が誰であれ、気が合おうと合うまいと、日本の首相は良好な関係を築かないといけない。唯一の同盟国である米国との関係にひびが入ると、中国、北朝鮮、ロシア、韓国と周辺国はそれに付け込んでくる。

日本の民主党政権時代、本人以外は誰も理解できない鳩山由紀夫首相の「東アジア共同体構想」や、小沢一郎幹事長の「日米中正三角形論」によって米国に不信感を持たれた結果はどうなったか。

最重視していたはずの中韓に侮られ、関係は最悪となり、韓国の大統領が竹島（島根県隠岐の島町）に上陸し、ロシア大統領が北方領土を訪れる事態が生じた。鳩山氏が「米国一辺倒」を忌避した結果、反対に日本は東アジアでも相手にされなくなっていった。

当時、米国勤務経験のある外務省幹部は嘆いていた。

「米国から見た日韓は、以前は日本のほうがはるかに重視されていたが、今では同等か韓国のほうがむしろ存在感がある」

オバマ大統領との冷めた関係を克服

そんな民主党から政権を奪還した安倍氏がまず向き合った米国の大統領は、米軍普天間飛行場（沖縄県宜野湾市）の移設問題などで迷走する日本に失望を覚えていたオバマ氏だった。

さらに、オバマ氏はもともと他者との人間関係が希薄な性質であるうえ、日米双方の左派・リベラル勢力から「安倍氏は危険なナショナリスト」「歴史修正主義者」などといったレッテルを貼られており、安倍氏に冷淡だった。

13年2月に安倍氏が再登板後初めて訪米した際には、オバマ氏はビジネスライクに徹し、自身が主催する昼食会で、日米両国要人がワイングラスを傾ける中、オバマ氏のテーブルの上にはミネラルウォーターが1本置かれているだけだった。

「初めの頃、オバマ氏は私を腫《は》れ物のように扱っていた」

安倍氏は後にこう振り返った。それどころか、同年12月に安倍氏が靖国神社を参拝すると、オバマ政権は「失望」すら表明した。

そんなオバマ氏がやがて安倍氏を頼り、ハグするようになり、現職の米大統領として初めて被爆地・広島を訪問するに至ったのは、安倍氏が安全保障面と歴史問題で一歩一歩実績を積み重ね、信頼を深めていったからだろう。

ケミストリーという意味では、むしろオバマ氏とは全然合わなかった。安倍氏のオバマ氏個人への評価も「何ということはない人」と決して高くはなかった。

オバマ氏だろうとトランプ氏だろうと誰だろうと、日本の首相として、日本の国益増進のためには米大統領とは上手くやっていくべきだと考え、それを実践しただけなのである。

安倍氏にしたところで、在日米軍の駐留経費の大幅負担増を強く求めたり、日本車の対米輸出のあり方を問題視したりする言動で注目を集めていたトランプ氏が大統領候補者の一人だった頃には、当然ながら警戒していた。

16年4月には、私にこう話していた。

「トランプ氏は、本当にやばいな。米国はどうするんだろうね。本当に大変なことになるよ」

同年5月の伊勢志摩サミット時には、トランプ氏に対するオバマ氏の反応について語った。

「オバマ氏は、トランプ氏があいう言動をしていることについて、神経質になっている。(トランプ氏が日本や韓国は核兵器を持つべきだと述べていることを受けて)核廃絶に熱心になっている」

とはいえ、新たな事態が生じたら、いたずらに狼狽《ろうばい》するのではなく、それを利用し、日本の国益に転じようとするのが安倍氏の真骨頂である。

対中政策転換に導いたトランプタワー会談の内幕

マスコミや評論家は、何をするか言うか分からないトランプ氏の登場に「日本にこれこれを求められたらどうしよう」と頭を抱えていたが、安倍氏は違った。

トランプ氏が大統領選に勝利した同年11月9日夜、日米同盟のあり方の見直しを要求された場合について安倍氏に聞くと、即座に答えた。

「そうなれば、それを日本の対米自立のきっかけにすればいいんだ。できるだけ早い時期に会って、日米同盟の米国にとっての意義などを教えないといけない。それと、トランプ氏は保護貿易的なことを言っているけど、それがどれだけ自分（米国）の首を絞めることになるかもね」

そして翌10日に初の電話会談を行い、トランプ氏と会談するため米ニューヨークへと向かう直前の16日には、「オバマ氏とせっかくここまで関係をつくったのに、またやり直しですね」と問う私に笑いながら語る余裕をみせた。

「だけど、トランプ氏のほうが早く関係をつくれるんじゃないかな。彼は、かなり強いリーダーが好きみたいで、幸い私も『強権』と言われているからね。電話会談の時も私にかなりシンパシーを感じている様子だった」

トランプタワーでの会談では、話題の大半を台頭する中国の脅威と問題点に費やしたという。安倍氏は手応えを感じていた。国際電話で様子を聞くと、高揚した声が返ってきた。

「非常にうまくいった。これは大丈夫だなと、うまくやっていけると感じた。選挙中の彼とは別だということだね。信頼関係を絶対築けると確信した」

実際、この会談が米国の対中政策転換を大きく促し、対中融和路線から対立も制裁も辞さない現在の厳しい姿勢に変わる第一歩だった。安倍氏がつくった日本、米国、オーストラリア、インドの4カ国による協力の枠組み「クワッド」とともに、歴史的に評価されるべき実績だと言えよう。

米国の北朝鮮政策も大きく変化

一方、安倍氏による大統領就任前のトランプ氏との会談に関しては「駆け付けて会うのは、植民地の代表が『よく当選しましたね』って行くようなもの」（ジャーナリストの鳥越俊太郎氏）という類いの批判も出た。だが、安倍氏としては世界の首脳に先駆けて会うことで、トランプ氏に「日本」と「安倍」の存在感を強烈に印象付けたかったのだろう。

トランプ氏も、この会談について11月18日のツイッター（現在はX）で、こう発信した。

「安倍晋三首相が私の自宅に立ち寄り、素晴らしい友情が芽生えたのは楽しいことでした」

この時の訪問について、トランプ氏は17年1月の安倍氏との経済問題と安全保障が主題の電話会談でも感謝を伝えてきた。安倍氏は語った。

「私にとても気を遣っていて、『（娘の）イバンカが非常に安倍さんのことを評価していた。滅多に人のことをほめない娘なのに』とも話していたよ」

トランプ氏が安倍氏の主張によく耳を傾けたことで、米国の対北朝鮮政策も大きく変わった。

オバマ政権が戦略的放置と称して、北朝鮮に「のびのびさせていた」（安倍氏）結果、北朝鮮の核・ミサイル開発は進み続けた。

拉致問題に関しても、オバマ政権までの米国は人権問題として一応、重視するふりはするものの、その実は核・ミサイル問題解決のためには邪魔な問題という本音が透けて見えた。それが、安倍氏がトランプ氏にいかに拉致問題が日本と自分にとって重要かを繰り返し説いた結果、どうなったか。米国の描く北朝鮮の拉致・ミサイル問題解決のプロセスの中に拉致問題が組み込まれたのである。これはバイデン政権になっても変わらなかった。

「トランプ氏は拉致問題に関してハートがあった」

安倍氏は後にこう振り返った。この年9月の米ニューヨークでの国連総会演説で、トランプ氏が拉致被害者の横田めぐみさんを念頭に、「13歳の日本人の少女を拉致した」と、北朝鮮を厳しく批判したのもその表れの一つだろう。

国連総会後、帰国した安倍氏に同月、核実験を実施した北朝鮮に対するトランプ氏の反応を問うと、赤裸々にこう語った。

「勘違いしている人もいるようだけど、北朝鮮が米国に先制攻撃をすることは100％ない。金正恩総書記はすごく臆病で、絶対にやらない。私もトランプ氏にそう説明したが、グアムの方向にはミサイルを撃たない。本格的な挑発はしないんだ。一方で、米国が来年、北朝鮮を先制攻撃する可能性が出ている」

この頃、朝鮮半島をめぐる情勢は、それほど緊迫していたのである。後に米国は北朝鮮の中枢を狙う斬首作戦だけでなく、核攻撃も視野に入れていたと分かった。翌年、自衛隊トップの河野克俊統合幕僚長と話した際に、「あの頃は40年の自衛隊人生で一番緊張していた」と吐露していたが、当然だった。

ともあれ、首脳同士の信頼関係があってこそ、そうした機微情報も伝えられ、意見交換も交わされるのだろうと感じた。

「シンゾーだから日米関係はいい」

トランプ氏が18年と翌19年の金氏との米朝首脳会談で、繰り返し金氏に拉致問題解決に向けた安倍氏の考えを説明し、安倍に会うよう促したのも安倍氏との絆あっての話である。そうでなければ、貴重な会談時間を使って、自国の問題でもない拉致問題解決を働きかけたりはしない。そして国内の食糧不足に苦慮する金氏も、この時に聞いた拉致問題解決への道筋とその後の日本からの経済支援について忘れることはあるまい。

「惜しかった。会談でトランプ氏が最後に譲らず、強硬にもう一押ししていれば、拉致問題は解決に向かっていたのではないか」

安倍氏は振り返った。ただ、安倍政権時代のトランプ氏が日本にとって望ましい大統領だったからといって、再登板を果たしたトランプ氏が、日本のために以前同様の役割を果たすとは限らない。

トランプ氏に日本の考えを呑ませるため、安倍氏も相手をまずほめるところから会談を始めたり、大切な課題は一つに絞ったりと工夫を凝らして付き合ってきた。

17年11月の日米首脳会談では、トランプ氏はこんなことを言い放った。

「(日本の首相が)シンゾーだから日米関係はいいんだ。シンゾーだから、私は日本のためにやる。もしシンゾーじゃなければ、私は(他国と自由に契約を結ぶ)フリーエージェントになる」

会談に同席していた関係者らは、みんな笑顔で聞いていたが、半分は本音だと感じたという。安倍氏のような「猛獣使い」は、そうそう現れはしない。

祖国を後世に残す「防衛国債」論の合理性

（2023年2月）

2022（令和4年）4月13日昼、衆院議員会館の今はなき安倍晋三事務所で、テイクアウトの目玉焼きが載ったスパイシーなタコライス弁当を安倍氏と2人で食べながら、雑談していた時の話である。話題はごく自然に、大幅な防衛費増をどう実現するかに及んだ。

自民党内の国防族や防衛相経験者の中にも、防衛費を北大西洋条約機構（NATO）並みの国内総生産（GDP）比2％規模に引き上げることに反対する者がいることに触れると、安倍氏は言った。

「石破（茂）さんは財源がないとか言っているんだって。そんなもん、財務省に考えさせればいいんだ。岩屋（毅）さんは『（2％と目標を設定するのではなく）積み上げじゃないといけない』とか言っている。そんなのドイツだって積み上げじゃなく、2％と打ち出したじゃないか。それが外交メッセージになるんだ」

ドイツのショルツ首相はロシアによるウクライナ侵略開始直後の2月末、国防費をGDP比で前年の1・53%から2%以上に大幅に引き上げると表明していた。その際、ショルツ氏はその目的をこう説明した。

「自由と民主主義を守るために、わが国の安全保障にもっと資金を投じなければならない」

自由主義、民主主義陣営として応分の責任を果たすということである。このドイツの姿勢について安倍氏は、その1週間前の4月6日にも電話でこう語っていた。

「ドイツは目覚めたのに、日本は寝覚めが悪いね。ちゃんと防衛費を増やさないと世界が驚くよ」

民主主義国家と専制主義国家の対立構図が明確化している中で、前者の主要メンバーである日本が、防衛費増できちんとメッセージを発信しないでどうするのかということだろう。

「財政法の壁」突破への妙案

話を4月13日に戻すと、そこで私が「仮に防衛費増の財源がないというのなら、『防衛国債』の発行はできないものか。今なら、無利子でも買う人は多い。私だって買います」と問うと、安倍氏はこう答えた。

「まあ、現状も国債は無利子みたいなものだけどね。防衛国債ではないが、明日の安倍派会合で防衛のための国債発行については言おうと思う。『道路や橋をつくる建設国債は形が残る。防衛のための国債も国を守り、その形が残る』のだと」

確かに、財政法4条は「国の歳出は、公債または借入金以外の歳入をもって、その財源としなければならない。ただし、公共事業費、出資金および貸付金の財源については、国会の議決を経た金額の範囲内で、公債を発行しまたは借入金をなすことができる」と定めている。

これは、先の大戦で戦費調達のために膨大な戦時国債が発行された反省に基づきつくられた条項だとの解釈が流布されており、ただちに防衛国債というとハードルが高くなる。まさに連合国軍総司令部（GHQ）が日本に枠をはめた戦後レジームそのものである。

日露戦争の戦費調達目的で制定された酒税法が現在も生き続けていることを考えると矛盾しており大いに疑問が残るが、現実の政治判断としては難しいのだろう。

ともあれ安倍氏は実際、翌14日の派閥会合で「今日は防衛費について話をさせていただきたい」と切り出し、まずドイツの国防政策転換に言及した。

「ドイツは、GDP比2％達成に向けてしっかりと予算を増強していくプロセスを明らかにし、ドイツの決意を示した。日本の防衛費はどうなっているかと、（世界から）当然注目されていると考えたほうがいい」

また、「2%という数字ありきではなく、積み上げだ」という議論に対し、こう反論した。
「今まで予算制約の中で、何とか帳尻を付けてきたというのが現実だ。不足しているものはたくさんある。継戦能力を維持する上でまず弾薬は、機関銃の弾から（地対空誘導弾）パトリオット、（海上自衛隊のイージス護衛艦の迎撃ミサイル）SM3に至るまで、弾の数は全く十分とは言えない」

その上で財政法では道路や橋などの公共事業に使途を限定する形で、通常の国債とは別に建設国債の発行が認められていることを例に、次のように国債活用を打ち出したのである。
「防衛予算はよく消耗費と言われるが、それは間違っている。防衛予算は次の世代に祖国を残していく予算だ。私たちが今、求められているのは予算で国家意思を示していくことだ。日本の独立を、自身の手で守り抜いていく決意を予算で示していく機会だ」

これは裏返せば、防衛費増の財源確保のため、財務省に使嗾《しそう》されて安易に増税に走ってはいけないという意味である。ウクライナ情勢もあって食料、燃料、エネルギー価格その他諸物価が高騰しているからという理由だけでなく、安倍氏はかねて増税の効果について疑問を示してきた。

安倍氏自身が、2度の消費税上げを実行した当事者であるのは皮肉だが、その経験により痛感したこともあったろう。

「増税ありき」で洗脳される財界

そもそも、デフレからの脱却を目指す安倍氏は消費税上げに消極的・否定的だったが、民主党政権時代の自民、公明、民主の3党による合意で消費税を8％、10％に上げていくことは決定済みのことでもあった。

特に2度目の消費税上げに関しては、安倍氏は2度も時期を延期している。14年11月、翌15年10月に予定されていた消費増税の延期を表明した上で、衆院解散・総選挙に踏み切ったのも財務省の増税圧力が強まっているのを痛感し、求心力を高める必要性があったからである。

当時、安倍氏は語っていた。

「私は（14年）9月半ばから、消費税は上げないと考えていた。ところが、財務省の洗脳がすごかった。自民党の大半も、民主党も財界も根回しされていた」

その一例として、大手銀行3行の頭取と昼食を摂《と》った際のこんなエピソードを明かした。

「昼食会に、呼んでもいないのに財務省幹部がついてきた。『君は招いていないぞ』と言うと部屋からは出て行ったが、頭取たちはその後も口々に『お客様のほとんどが税上げすべきだと言っています』と増税論を唱えた。そこで私が『本気でそう思っているんですか』と聞くと、押し黙るんだ」

自民党側も、安倍氏の周囲も似たようなものだった。麻生太郎副総理兼財務相も谷垣禎一幹事長も高村正彦副総裁も稲田朋美政調会長も、増税延期に反対か消極姿勢だったのである。

加えて財務省以外の霞が関官僚も、基本的に増税派だったことを思うと、四面楚歌に近い中での決断であり、強行突破だった。

財務省はそれだけ永田町の隅々にまで情報を張り巡らし、有望とみた議員を若手時代から支援し、取り込んで政界にも財界にも大きな影響力を行使してきた。民主党政権の菅直人、野田佳彦両元首相も、財務相を経験するとあっという間に熱心な消費税上げ論者になった。「官庁の中の官庁」「最強官庁」と言われるゆえんである。

ただ、安倍氏はそんな財務省にも洗脳されなかった。

「永田町や霞が関の空気と、その『外の世界』の実感とは違う。より大事であり、選挙の結果を左右するのは『外』のほうだ」

「永田町は財務省に引きずられているが、財務省はずっと間違えてきた。彼らのストーリーに従う必要はない」

安倍氏はこうも語っていた。実際、首相である安倍氏に財務省が説明してきたことは、往々にして現実と食い違った。例えば14年4月に消費税率を5％から8％に引き上げた時について、安倍氏は呆れていた。

「財務省はあの時、『増税の影響は一時的ですぐに収まります』と言っていた。財務省は当初、15年7―9月期のＧＤＰは４％の成長となるとも説明していた。まさかマイナス成長になるとは思わなかった」

しかもこの時、財務省は「（15年の増税を）延期すれば財政健全化はできない」とも言ってきたにもかかわらず、15年度に基礎的財政収支の赤字を半減する目標は達成した。

「延期すれば日本は国際的信用を失い、国債は暴落する」

「金利は、手をつけられないぐらい上昇する」

財務省はこのように安倍氏に訴え、さまざまなデータを示して延期反対論を説いたが、その予測はことごとく外れたのである。

財務省は経済オンチ

安倍氏は16年の年初には、財務省とのそれまでのやりとりを振り返り、こう不信感をにじませていた。

「財務省はアベノミクスで税収が伸びた際には、（消費税率引き上げに）都合が悪いので首相官邸にその情報を伝えてこなかった。菅（義偉官房長官）ちゃんに『出せ』と言われてようやく渋々持ってきた」

「第2次安倍政権になってからの税収増は21兆円で、そのうち8兆円が消費税を3％上げた分だった。だが、税率を8％に上げていなければ、もっと法人税収は増えていた。本当に8％にしたのは正しかったのか。もし上げていなければ……」

増税していなければアベノミクスの効果はもっと大きく、増税によるマイナス効果も生じていない。アベノミクスの成果はさらに発揮され、増税分の税収を補って余りあったのではないかという疑問である。だが、財務省は「アベノミクスによる税収増は安定財源にはならない」と繰り返すばかりで、官邸が求める景気浮揚策は示さなかった。岸田文雄政権の現在と、相似形ではないか。

当時、私が安倍氏に「不思議でならないのだが、なぜ財務省はあれほど消費増税にばかりこだわるのか」と意見を求めると、こんな答えがあっさり返ってきたのを鮮明に記憶している。

「財務省は、経済が分かっていないから」

さらに、「それはどういう意味か」と問うと、安倍氏は少し考えて語った。

「財務省、特に（予算編成をつかさどる主流派の）主計局あたりは、集めた税を再分配することしかやっていないから、生きた経済を分かっていない。彼らにはその必要がないからね。私も最初は『まさか』と思ったけれど、いろいろと彼らと話をしていて財務官僚が経済を知っているというのは違うと分かった。財務省内には消費税引き上げ一辺倒のやり方に疑問を持つ人もいるだろうが、それは言えないんだ」

目から鱗《うろこ》が落ちる思いだった。言われてみれば、景気や経済をどうするかは財務省の本来の仕事ではないのだった。安倍氏の元秘書も、安倍氏が財務省についてこう話すのを聞いたという。

「彼らは不思議だね。日本の将来をどうしていこうということよりも、いつも単年度の収支ばかり気にしている」

目指すべきは経済成長による増収

こうした経験を踏まえて防衛費増の財源として国債活用を提唱した安倍氏の考えを、岸田首相は22年12月10日の記者会見で切って捨てた。開始時期については柔軟に対応するとしたものの、増税を明言した。

「安定した財源が必要だ。国債でというのは、未来の世代に対する責任として取り得ない」

残念ながら、財務省の主張や言い分とそっくりである。これは安倍氏だけでなく、安倍氏の意見や現状認識に賛同した多くの自民党議員や国民に対しても、聞く耳を持たないという宣言に聞こえた。

岸田首相は9月27日の安倍氏の国葬義の弔辞では、次のように語りかけていた。

「戦後レジームからの脱却——。防衛庁を、独自の予算編成ができる防衛省に昇格させ、国民投票法を制定して、憲法改正に向けた、大きな橋を架けられました。教育基本法を、約60年ぶりに改めて、新しい、日本のアイデンティティの種をまきました」

この時には安倍氏の遺志を継ぐかに思えた岸田首相は、どこに行ったのか。日本が存亡の危機に立たされかねない時に、財源や収支にこだわってどうするのか。

目指すべきは経済成長による増収であり、将来不安を先取りして増税を訴えることが、首相の責任と勇気ではない。そんなものは財務相に任せておけばよかった。

「戦後レジーム」脱した対中韓外交の戦略

（2023年10月）

ベストセラーとなった『安倍晋三　回顧録』に続いて、中央公論新社が2023（令和5）年8月にその公式副読本として『安倍元首相が語らなかった本当のこと』を出版した。帯には初代内閣安全保障室長である谷内正太郎氏の極秘メモ「谷内正太郎覚書」独占入手とあったので、それは早速読まねばと手に取った。

ただ、期待したような極秘情報は書かれていなかった。谷内氏とジャーナリストの手嶋龍一氏の対談も収録されていたが、それほど突っ込んだ内容とは言えない。

とはいえもちろん、随所に興味深い話も出てくる。例えば谷内氏は、安倍氏と中国の王毅共産党政治局員兼外相に関するこんなエピソードを披露している。

谷内氏　ちなみに安倍さんはある時習近平（国家主席）さんに、「王毅さんは日本にいた時には、ものすごくゴルフが上手だったんですよ」と発言したんですよ。

手嶋氏　その頃の中国では、習近平さんの命令一下、共産党員はゴルフをするべからずという禁止令が出ていました。

谷内氏　首脳会談の場で、突然、ゴルフの話をふられ、あの王毅さんも、もう周章狼狽していました。ご本人には気の毒ですが、あれには皆大笑いしました。安倍さんというひとは、そういう茶目っ気がある当意即妙のやり取りができる政治家でした。

実は私も、21年12月に安倍氏本人からこの時の様子を聞いたことがある。安倍氏は愉快そうに詳しく語ってくれた。

「習近平氏と会談した際、『トランプ米大統領と何回ゴルフをしたのか』と聞いてきた。『5回ぐらいかな』と答えたら驚いていた。それで習氏は『自分はゴルフはしない』と言った。私が『ここにいる王毅氏はゴルフが好きでうまい』と言ったら、王毅氏は真っ青になって日本語で『今はやめました』と声を上げたんだよ」

「この時、今井尚哉首相補佐官の隣にいた程永華駐日大使の夫人は日本語ができる人で、『バレちゃった』と言っていたそうだ。習氏は腐敗追放運動の中でゴルフも取り締まっていたんだね。まあ、中国ではみんな腐敗しているから、腐敗追放運動とは、誰でも都合の悪い奴を摘発するという意味なんだけど」

安倍氏らしいユーモアと皮肉が込められた言葉が懐かしい。谷内氏は副読本の中で、「王毅さんを親しい友人だと思っていた日本の関係者の中には、日中関係の悪化に伴って、彼の態度がよそよそしくなったと感じたひともいたようです」と述べているが、安倍氏もこう語っていた。

「王毅氏は日本語がペラペラのくせに、常に通訳を連れてきて中国語で話す。で、最悪なことにしょっちゅう、通訳の間違いを正すんだ。すると通訳は緊張してよけいに上手く訳せなくなる。だから私は、『だったら日本語でしゃべったらどうですか』と言うのだけど、いつも通訳と来る」

日本の政治家の中にも英語が堪能で、通訳のちょっとした間違いをその場で叱りつける者が散見されるが、王毅氏も中国共産党内で偉くなったということだろう。それだけに、ゴルフで習氏の不興を買いかねなかった場面は冷や汗ものだったのも分かる。

ちなみに小泉純一郎政権で確か安倍氏が自民党幹事長代理だった頃には、こんなこともあった。自民党本部を訪れた王毅氏と安倍氏が小泉氏の靖国神社参拝をめぐって日本語で激論を交わし、論破された王毅氏が最後にこんな捨て台詞を吐いたと安倍氏から聞いた。

「理屈じゃないんですよ」

こんな日本語がスラスラ出てくるのだから、並みの通訳より日本語に堪能なのは間違いない。

理屈通じず議論が成立しない国

ともあれ、安倍氏は中国に対しては、外交ゲームができる国だと評価している部分があった。また、現に軍事的・経済的に脅威であるのだから、リスク・マネージメントが必要だとも考えていた。

一方、同様に定期的に反日に走る韓国については、「日本にとって脅威でも何でもない。関係改善を急ぐ意味はない」などと言って戦略的放置を決め込むことがたびたびあった。次のような本音を漏らすこともよくあった。

「韓国って○×な国だね。愚か者だ。中国はとんでもない国だけど、まだそれなりに考えて動いている。韓国は訳が分からないまま反日だとかで熱くなっている」

「韓国は夜郎自大だ。その点、中国とは違うんだよな。中国の対日姿勢の変遷は、国家戦略の変化という部分があるけど、韓国は違う。感情的になる」

日頃から「戦略的」という言葉を好み、合理性の高い行動を意識していた安倍氏にとって、理屈が通じず議論が成立しない韓国は、面倒臭い相手だったのだろう。

ただ、そういう相手だと承知しつつ、安倍氏は国内の保守派の反発を織り込み済みで15年12月28日に「最終的かつ不可逆的に解決」することを約束した慰安婦合意を結んだ。

そして、その際の韓国側との交渉には谷内氏も深く関わっているが、副読本にはそれに関する記述が見られない。合意にサインした当事者である当時の岸田文雄外相が現在、首相として韓国との協調・融和路線を突き進んでいるだけに、当時の対韓外交について語ってほしかった。

より対米、対ロシア外交に重きを置いただけかもしれないが、隔靴《かっか》搔痒《そうよう》感は否めない。そこで、当時の取材メモをもとに私が安倍氏からどんなことを聞いたかを記しておきたい。

「子供たちを謝罪の宿命から解放できる」

この件に関し、最初に電話がかかってきたのは12月24日の夜のことだった。安倍氏は合意のことを聞いたかと確かめた上で、こう話した。

「まあ、韓国もいろいろ折れてきているから、こっちも『完全かつ最終的に解決済み』という

（1965年の日韓請求権協定の）前提で、これまでもやってきたような話ならば、やれるからね」

私が「（元慰安婦に償い金を支払った）アジア女性基金がやってきたようなことを、韓国と共同出資で行うとかか」と聞くと、安倍氏は答えた。

「政府はこれまでも毎年1千数百万円出してきたのだから、それは難しくない。保守派の中には『あれ？』という人もいるかもしれないけど」

実際、日本政府はアジア女性基金設立後、元慰安婦に対して人道的な立場から予算を支出してきていた。それもあり、合意の成立前から元慰安婦支援のため設立される財団に、日本がいくら拠出するのかなどの報道が相次いだ。

安倍氏も世論の反応や保守派の反発が気になるらしく、26日午後にも電話があった。

「毎日新聞が1億円だとか書いているけど、向こう（韓国）から言ってきたのは20億円だからね。それは受けないが。韓国側にも（カネを）出させないといけないしね。モニュメントとか、パンフレットとかも韓国側につくらせない。現在は1200万円が元慰安婦数人を対象に支出されているが、（合意すれば）40数人が全部受け取ることになる。それを15年、20年分と一括で出す。これで完全に終わりにできるかどうか、それを含めての28日の日韓外相会談だ」

27日夜には、こちらから安倍氏に電話して「国民の大きな関心を呼んでいる」と話を振ると、安倍氏は語った。

「なかなか予想していたより反対は大きいね。この人たち（韓国側）がどうして信用できるのかと。ただ、向こうがきちんと応じなければ、こちらもやることは全くない。こちらが今の出口から下がることはない」

私が「外相会談は岸田さんから言い出したことか。岸田さんは慰安婦問題の全体像を把握しているか」と聞くと、安倍氏は続けた。

「谷内さんが交渉していく過程で、岸田さんがやろうということになった。岸田さんには私からきちんと説明している」

そして合意成立後の28日夕には、再び安倍氏から電話がかかり、合意について慎重に進めてきたことを明かした。

「交渉は1年近く、とにかく慰安婦問題を蒸し返されないことと韓国側が約束を守ることを中心に続けてきた。河野談話の時もアジア女性基金の時も彼らが約束を守らなかったことを念頭に、『最終的解決』を向こうが確認することにこだわってきた。谷内さんたちには『絶対に騙されないように』と繰り返し言ってきた。谷内さんには『確証が取れなければ前に進むな』とも繰り返し言ってきた」

安倍氏は保守派の懸念する点など最初から分かった上で、話を進めてきたのだと改めて確認できた。それでは、なぜ反発を覚悟してまで取り組んだのかと聞くと、こんな答えが返ってきた。

「慰安婦問題をずっと引きずることで、東アジアの安全保障上、日韓両国にとってマイナスになってる状況を変えようと。問題を蒸し返さないという約束ができるなら、子供たちを謝罪の宿命から解放できるということもあった」

この「謝罪の宿命からの解放」という言葉は、安倍氏からこの年の8月、戦後70年の安倍首相談話の意図を説明してもらった際にも、同様に聞いていた。これもまた、謝罪外交、土下座外交という「戦後レジーム」からの脱却の一つだったのである。

ゴールの固定化で韓国側に楔《くさび》

ただ、それでもなお反発は予想された。私がその点を問うと、安倍氏はこう語った。

「何で彼らに(カネなどを)やるのか?　ということだろう。しかし、米国がこの合意を評価し、ソウルの在韓日本大使館前の慰安婦像が撤去され、米国内での像設置活動を米国が支持しないとなれば大きい。そうすると韓国にかんぬきがかかる。朝日新聞の慰安婦誤報謝罪もあり、韓国の立場はどんどん悪くなってきた。彼ら自身の米軍慰安婦などの問題もある」

しつこいようだが、私がさらに「最終決着の確証は本当に取れたか」と聞くと、安倍氏はあくまで冷静にこう言った。

「最後のところは分からないけれど、ここまでやった上で違約したら、彼らも国際社会の一員として終わってしまう。今までの（河野談話などの）時と違い、国際的に注目されていたことだから」

この28日は年末の仕事納めの日でもあり、安倍氏は翌29日はオフだった。都内のホテル滞在中の安倍氏に午前中に電話し、「思いの丈を」と聞いてみた。安倍氏はこんな思いを語った。

「これまで、河野談話の時の先方とのやり取りも、守られないできた。一回一回また蒸し返されてきたから、今度はちゃんと『最終的かつ不可逆的』だと韓国の外相も述べ、それを米国が評価するというプロセスを踏んだ。ゴールを固定化していくということだ」

「今後、私からは慰安婦の『い』の字も言わない。この問題について一切言わない。次の日韓首脳会談でももう触れない。昨日をもってすべて終わりだ。これは昨日の日韓電話首脳会談でも、朴槿恵大統領に言っておいた」

ここで少し驚いたのは、安倍氏が続けてこう言ったことだった。

「今回初めて、外相という政府のハイレベルで『慰安婦を性奴隷と言うのは不適切だ』と指摘し、それを韓国側も了承した。これは大きい。次の世代に謝罪する宿命は負わせない」

28日に発表された慰安婦合意では、この「性奴隷と言わない」という部分はなかったので疑問だったのだが、その答えは文在寅政権になって分かった。

文政権は17年12月、日韓慰安婦合意の検証結果を発表した。それによると合意の非公開部分で、韓国政府が使用する公式名称は「『日本軍慰安婦被害者問題』のみ」と確認していた。ソウルの日本大使館前の慰安婦像の移転に関し、韓国が関連団体の説得に努力することや、第三国で像・碑設置を支援しないことが合意されていた。

文政権は慰安婦合意を事実上反故《ほご》にしたが、合意を守って10億円を先に拠出した日本は「道徳的優位」に立つことになる。谷内氏の視点で語られた一連の経緯を副読本では読みたかった。

ちなみに29日、安倍氏に合意の報告に来た岸田外相は、「大変ご苦労様でした。最終的、不可逆的と韓国外相に言わせたのは大きい」と慰労する安倍氏にこう述べたという。

「韓国が約束を実行していくことを、きちんと見ていかなければならない」

首相となった現在も、心してほしいところである。

安倍語録で振り返る外交交渉の知られざる内幕

（２０２３年11月）

２０２２（令和４）年７月８日に安倍晋三元首相が暗殺されてから、この欄ではずっと「戦後からの脱却」「核共有発言の真意」「トランプ氏とオバマ氏」「財務省との戦い」「バイデン氏と靖国神社参拝」「多様性とリベラル観」「総務省偽造文書とモリカケ」「憲法改正」「ＬＧＢＴへの視線」「一周忌」「対中韓外交の相違」……など私が直接聞いた安倍氏の肉声を紹介してきた。

編集部から、資料的価値の高い安倍氏の言葉を記録にとどめておくべきだとの助言もあり、主に第２次政権以降の取材メモをもとに、現在の岸田文雄内閣との比較も含めていろいろと取り上げてきたが、原稿を書く上で一本のテーマとはなりにくい言葉はそこからこぼれてしまう。

そこで今回は、安倍氏の考え方や手腕を知る上で興味深いと考える未紹介の言葉を、外交関係を中心にいくつかジャンル別にピックアップしたい。

「バカな話だね。結論は力あるものが決める」(国際捕鯨委員会脱退へ)

日本による南極海での調査捕鯨は国際捕鯨取締条約に違反するとしてオーストラリアが中止を求めた訴訟で、国際司法裁判所は14年3月31日、南極海での調査捕鯨を「科学的でない」と結論づけた上で、現行制度での調査捕鯨の中止を命じる判決を言い渡した。日本の全面敗訴だった。

日本は18年12月26日、国際捕鯨委員会(IWC)から脱退し、翌19年7月1日から商業捕鯨を日本の200海里水域内で再開することを発表した。

「白人の世界だからね。結局そう。こっちの裁判における論理は悪くなかったし、向こうの論理は変だったが。バカな話だね。(日本の)論理の展開は間違いなくても、結論は西洋人が決める。力あるものが決める。(国際社会は)所詮《しょせん》そういうものなんだよ」(14年4月7日)

「要は、入っていたってしようがない。科学的知見に基づく議論ができないということ。9月の総会でも議論ができず、非生産的だった。日本の排他的経済水域(EEZ)の中でやるということで、リーズナブルな判断だ。IWCは本来は鯨類の持続的捕獲をやっていくはずだが、全然違う」(18年12月26日)

歴史認識問題や商慣行でもそうだが、安倍氏は欧米がルールメーカーである現状を冷静に認識しながら、こつこつと匍匐前進で状況を変えたり、時に大胆に異を唱えたりした。政治家として確かな勝負勘のようなものがあった。

「北京側が折れてきた。日本のほぼ完勝」(習近平との初首脳会談)

14年11月10、11の両日、北京でアジア太平洋経済協力会議(APEC)の首脳会議が開かれ、安倍氏は10日に中国の習近平国家主席と会談した。日中首脳会談は12年5月以来約2年半ぶりで、第2次安倍内閣では初めてだった。中国は安倍内閣発足後、①尖閣諸島(沖縄県石垣市)をめぐり、日中間で紛争があることを認める②靖国神社不参拝を確約する——などの条件をのまない限り、首脳会談は行わないと突きつけていたが、結局、日本からは何の譲歩も得られないまま会談した。

「しばらく前、木寺昌人駐中国大使が来て『(日中首脳会談がセットされても)ボイコットするんですか』と聞いてきた。中国は、自分たちがよく会談をボイコットするものだから、日本もやるかもと心配しているみたいだ。あと、中国はもし首脳会談が開かれなかった場合、私がAPECの多国間会議で中国を名指しして『海洋における法の支配』の件を強調して批判したり、今や日本と同調しているフィリピン、ベトナムを巻き込んで批判を強めたりするかもしれないと懸念しているらしい。だから、木寺大使には『中国にはそう思わせておけ』と言っておいた。中国は南シナ海などで周辺国をいじめることが、国際社会にどんなイメージを与えるかよく分かっていない」(同年11月4日)

「こっちは何も譲っていない。中国側は靖国不参拝について文書に書くことに最後までこだわったが、それならこっちは首脳会談をしなくてもいいと言ったら北京側が折れてきた。日本のほぼ完勝だから。中国側は、日本側の外交的勝利だということを、一言も言わないでくれと要請してきた」(11月8日)

「APECに参加している各国首脳らの間では、(安倍氏との会談の冒頭写真で、嫌そうに顔を背けて握手するなどの)習近平の頑なな態度が笑いものになっていた。屠畜場《とちくじょう》に引かれていく牛みたいだったとも言われていた」(11月11日)

高飛車に出てくる中国に対しては、決して下手には出ず、地球儀を俯瞰する外交で他国を歴訪し、外堀を埋めていった。当初は歴史問題などで中国側に同情的だった国々も徐々に対応を変え、日本の側に立つようになった。

「ひどい話だ。ある意味、宣戦布告だよ」(国連女子差別撤廃委員会の見解)

菅義偉官房長官は16年3月9日の記者会見で、国連女子差別撤廃委員会の日本に関する最終見解に関し、当初案は男系男子による皇位継承を定めた皇室典範の見直しを求めていたことを明らかにした。政府が抗議して削除を求め、最終的に削られた。菅氏は「皇位継承のあり方は、女子に対する差別を目的としていない。皇室典範を取り上げるのは全く適当ではない」と指摘した。

「ひどい話だ。ある意味、宣戦布告だよ。本当にどうかしている。この件では怒る国民も多いだろう。国家主権の侵害だ。だったら、ローマ法王についても『何で女性はなれないのか』と勧告しろよという話だ。あいつら絶対にそうは言わない。国連にはそういういやらしさがある。国連の事務局は左翼の巣窟だからなあ。(皇室典範部分の削除は)今回は外務省にもきちんとやらせた。まあしかし、これを利用してやろうという奴らも(国内で)出てくるんだよな」(3月8日)

安倍氏は、国連組織が中国や韓国といった外国勢力だけではなく、日本国内の反日活動家らの重要な工作対象となっていることを理解していた。それでも、日本だけを標的にするような二重基準に対しては、激烈に憤った。

「日本は憲法を改正して軍事力を高めてほしい」（初会談したドゥテルテ大統領）

安倍氏は16年10月26日、来日したフィリピンのドゥテルテ大統領と初会談した。ドゥテルテ氏はもともと親日派でもあり、会談は盛り上がり、会談後に安倍氏が開口一番、口にした言葉が首脳会議としては異例の「面白かった」だった。

「面白かった。ドゥテルテが会談の冒頭でいきなり『（日本と中国では）日本側に立つ』と言ったのには驚いたけどね。ドゥテルテは中国についてはあくまで『経済関係だ』と言っていた。私は、彼が訪中して習近平と会談した際の機微の話を一切漏らしていないので、信頼できると思っていた。ドゥテルテは『日本は憲法を改正して軍事力を高めてほしい』と言っていた。私は彼に、『教師みたいな言い方はしない。あくまで対等な友人として話す』と言った。ドゥテルテは真面目に耳を傾けていた。祖父の岸信介元首相が（A級戦犯容疑者として）3年3カ月も獄につながれたことを屈辱に感じていたと話すと、ドゥテルテは米国の悪口を延々と語っていたけれど、一段落ち着いたところで『それを踏まえた上で、祖父は国民のため日米安全保障条約を改定した』と話すと、神妙に耳を傾けていた」

「ドゥテルテは韓国のことは嫌いみたいだ。地元のダバオでゴルフをしている時に、韓国人の子供が泣き叫んでいて、親だかコーチだかが殴っているのを見たとのことだ。そこで、ドゥテルテが『ここは韓国じゃない。フィリピンだ。二度とこんなことをするな』と言ったのに、しばらくするとまた子供が泣き叫ぶのが聞こえたという。それで彼がどうしたかというと、ゴルフカートでこの韓国人を轢《ひ》いたそうだ。通訳も訳しながら驚いて困っていた。さらに、轢いた韓国人に『このことを言ったらお前を殺す』と脅かしたそうだ。ドゥテルテは『韓国人は大声で話してうるさい。私の地元に韓国人はいない』と言っていた」(ともに10月28日)

安倍氏は外交面で「猛獣使い」とも呼ばれ、ドゥテルテ氏をはじめトルコのエルドアン大統領やトランプ米大統領、プーチン露大統領ら一癖も二癖もある各国首脳と親交を結び、他国の首脳に不思議がられた。首脳外交における「信頼」については、「相手の政治的リスクを理解した上で交渉することだ」と話していた。

「これで戦後は完全に終わりになるかな」(真珠湾訪問)

安倍氏は16年12月5日の記者会見で、米国・ハワイの真珠湾を訪問することを明らかにし、「日米の和解の価値を発信する機会にしたい」と述べた。訪問は12月28日に行われた。

「真珠湾訪問は（同年4月の）米上下両院合同会議演説の頃からずっと考えてきたが、オバマ大統領の（5月の米現職大統領として初の）広島訪問とのバーターではない。だからずっと黙っていた。これで戦後は完全に終わりになるかな。いつまでもバカみたいに戦後を引きずる必要はない。私の次の人（首相）からはね」（12月5日）

「（真珠湾訪問の経緯は）これはもう、昨年の戦後70年の安倍談話と今年の米上下両院合同会議で、米国との関係においてはかつての戦争が、完全に歴史の領域に入ったからね。今回はむしろ、日米同盟の強さを確認する場になった」（12月25日）

安倍氏の功績は多々あるが、その重要な一つが、「戦後を終わらせたこと」だと考える。土下座外交を過去のものにし、子供たちに謝罪し続ける宿命を負わせないことこそが、安倍外交の目的の一つだった。安倍氏は戦後70年の安倍談話発表後、「これで80年談話も90年談話ももう必要ない」と語っていた。

「韓国は長期的に放置プレーでいい」（日韓合意について）

韓国では17年に入ると、朴槿恵大統領の罷免《ひめん》に伴う次期大統領候補が連日取りざたされた。

「韓国はどうしようもない。長期的にみて、放置プレーでいい。もう、(日韓慰安婦合意で)10億円の手切れ金を払っているのだから文句を言われる筋合いもない。日韓合意で国際社会と米国を証人にしていたから今回、やはり韓国はダメじゃないかとなった。ひどいなと。だから、さすがの米国もガンガン言ってこなくなった。米国も日韓合意とその成り行きで分かったんじゃないか。あれがなければ、トランプ新政権で慰安婦問題の経緯をまた一から説明しなければならなかった。まあ、そもそも米国に慰安婦問題を批判する権利があるのかということだけどね。ただ、韓国がめちゃくちゃな国だということは、一般の米国人はほとんど知らないし、米保守派にもヒュンダイとかサムスンの金が入っている。だから甘くは見れない」

「思ったのだけれど、潘基文より文在寅が大統領になったほうがいいね。潘は全然ダメな男で嘘つきだけど、国連事務総長だったという信頼性が変にある。国際社会で顔がある。その潘がなるより、文がなれば、変な奴が大統領になったということになる。トランプとも文は絶対に(ケミストリーが)合わない。文は(米国に相手にされなかった)盧武鉉元大統領以上だからね」(ともに17年1月21日)

「トランプは『(親北朝鮮の)文は間違っている』と言い、会談した金正恩朝鮮労働党委員長の言葉を借りて『(金は文を)全くバカにしている』と言っていた。私は反応しないでおいたけど」(19年8月27日)

安倍氏は日韓外交にそれまでのようないらぬ情緒は持ち込まず、冷徹に計算ずくで対応した。文政権時に必要不可欠な接触以外はドライに放置した結果、日韓関係は普通の二国間関係に一歩近づいたといえる。

「中露との二正面作戦はとれない」（北方領土交渉）

「北方領土はいけるところまではいくけど、無理だろうね。もともと私は難しい話ばかり掲げてきた。政治とは、与えられた条件の中で最善を尽くすことだから」（20年6月17日）

安倍氏が北方領土返還交渉に熱意を持って取り組んだ陰の目的は、「中露との二正面作戦はとれない」とロシアと中国をできるだけ引き離すことだった。いわばダメ元の取り組みでもあった。

第3章　幼稚化する野党・メディア・世論

安倍晋三のエネルギーを消耗させた空気の正体

（2022年10月）

「われわれの社会は、常に、絶対的命題をもつ社会である。『忠君愛国』から『正直ものがバカを見ない社会であれ』に至るまで、常に何らかの命題を絶対化し、その命題を臨在観的に把握し、その〝空気〟で支配されてきた」

これは、1977（昭和52）年4月刊行の山本七平の著書『「空気」の研究』の言葉だが、日本社会はその頃と何も変わっていないのだと感じる。

安倍晋三元首相が世界平和統一家庭連合（旧統一教会）に恨みを持つと供述している男の理不尽な凶弾に倒れ、この稿を書いている時点で40日余が経つ。

当初は、中国の脅威に早くから気づき、国際社会の枠組みを変えた名宰相としてその死を惜しまれた安倍氏は、いつの間にか過去に霊感商法などで多くの被害者を出した教団との関わりばかりが語られるようになった。

安倍氏の功績や人柄を偲ぶよりも、政治家と教団の関係ばかりが注目される「空気」が醸成されていき、教団を批判しない者はその同類項やシンパだとみなすという同調圧力も生じた。

世間が同じ方向を向き始めた際に、違う角度から別の見方を提供するのがジャーナリズムの役割であるはずだが、そんな正論は圧倒的な「空気」に容易に押し流されてしまう。それどころか、悪名高きメディア・スクラムに参加しないと後ろ暗いことがあるのだろうと勘繰られる始末である。

このような状況に関して、山本七平は次のように述べている。

「日本には『抗空気罪』という罪があり、これに反すると最も軽くて『村八分』刑に処せられる」

「空気とは、一つの宗教的絶対性をもち、われわれがそれに抵抗できない〝何か〟だということになる」

眼前で繰り広げられているそんな「空気」による魔女裁判や異端審問を見せつけられると、つい暗い予感にとらわれがちになる。

「まるで江戸期のキリシタン弾圧の踏み絵のようだ」

自身も隠れキリシタンの末裔だという長崎県平戸市の黒田成彦市長は自身のＳＮＳで、地元紙から届いた教団との関係を尋ねるアンケートについて記した。

翌日の投稿には、この地元紙自身が過去に、教団関係団体の紹介記事を掲載していたことが判明したとあった。何とも皮肉で滑稽なオチがついたが、当たり前だろう。必ず教団名を名乗って活動しているのならともかく、たくさんある教団関係団体のそれぞれを、すべて把握できる政治家もマスコミもいるはずがない。

議員が、会った人すべてに信仰の対象を聞くことが可能なのか。新聞社が、取材した相手に宗派を確かめていて仕事になるのか。子供でも分かる無理筋の話を、今はそういう「空気」だからとごり押ししてどうするのか。

自民党の和田政宗参院議員によると、朝日新聞からメールで送りつけられたアンケートには、こんな質問があった。

「問題があると思う議員の行為などの情報があればご記入下さい(この欄については匿名を希望される場合はその旨記入してください)」

陰湿な密告、告げ口の勧めである。朝日新聞は憲法20条が「信教の自由は、何人に対してもこれを保障する」と定めていることを知らないらしい。江戸時代、キリシタン摘発のために行われた宗門改めのようなことがしたいのか。

そして、こうした異常な行為をたしなめる者はほとんどいない。みんな黙って見ているか、特に疑念を抱くことなく加担している。彼らの説く個々の自由も法の下での平等も偽物なのか。

日本の保守派は、韓国政府が国際条約や自国の憲法よりも、国民情緒を優先させる場面を見て、「韓国には憲法に上位する国民情緒法があるらしい」と揶揄してきた。

ところが日本にも、憲法や民主主義の手続き、ルールをはるかに凌駕する「空気」があるようである。韓国を笑う資格はない。

裁判前から始まる減刑署名運動の倒錯と狂気

ともあれ、特に面識もない政治家を背後から銃撃したテロリストに、本来ならば同情など寄せる余地はないはずだし、その言い分に耳を傾けてはならない。それは、テロリストの目標を達成させることになると同時に、新たなテロリストの誕生を手助けする行為にほかならない。

ところが、テロリストはいつしか教団の可哀想な被害者に奉られて、まだ量刑どころか起訴もされていないのに減刑署名活動も行われている。あまりの倒錯と狂気に卒倒しそうになる。民主主義を崩壊させたいのかとすら疑う。

一方で、本当の被害者である安倍氏もその遺族も顧みられることなく、同情や労りの声は報道には表れない。

安倍氏の妻、昭恵さんは外出もままならないという。外出しようとすると、安倍氏の警護で犯した大失策を繰り返すまいと多くの警護官がつく。するとそれをマスコミが「もう私人なのに税金の無駄遣いだ」と報じ、ネットで拡散されることになる。

そうしないためには、閉じこもるしかない。自宅で毎日、生前の安倍氏が映るビデオを見て過ごしていると聞く。テレビ番組を見れば、「教団が、教団が」のオンパレードでは、心が休まるまい。

日本社会は、安倍氏の死去をきっかけに、何とか保ってきたバランスが壊れ、ダムが決壊し洪水が起きたかのように、変な方向へと押し流されている。

山本七平はこう予言する。

「もし日本が、再び破滅へと突入していくなら、それを突入させていくものは戦艦大和の場合の如く『空気』であり、破壊の後にもし名目的責任者がその理由を問われたら、同じように『あのときは、ああせざるを得なかった』と答えるであろうと思う」

現在の日本の舵取りをする責任者は岸田文雄首相だが、首相は第2次岸田改造内閣発足に際し、教団との関係の有無を点検するよう指示し、こう述べただけである。

「結果を踏まえて厳正に見直すよう厳命し、了解した者のみを任命した」

教団との関係見直しはいいが、同時に今の日本社会の「空気」にも言及してはどうか。安倍氏の遺族の苦衷、憲法上の宗教の位置づけと信教、内心の自由について、あるいはこれまでの霊感商法に対する政府の取り組みと成果など、語るべきことはたくさんあったのではないか。結局、岸田首相も蔓延《まんえん》する「空気」には全く抵抗できず、流されるままなのだろう。そして、いつか「あのときは、見守るしかなかった」とでも言うのだろうか。

公明党の微妙な立ち位置

自民党は教団を切り捨てる方向に向かうのだとして、創価学会との関係はこのままでいいのか。自民党幹部は地方遊説などの際には、その地方の創価学会施設に赴き、あいさつして支援を要請するが、それは構わないという一線はどこに引くのか。

過去に問題を起こしたというのなら、創価学会にしても伝統宗教にしろ、さかのぼれば何かある。かつてカトリックが罪を贖《あがな》えるとして販売した免罪符と霊感商法にどれほどの差があろうか。

私自身は今後、教団がどういう運命をたどろうと知ったことではないし、擁護する意図は全くない。だが、他の宗教とどこがどう違うのかをきちんと説明せず、特定団体だけをターゲットにする恣意的なやり方は、行政として禍根を残しかねないと考える。信仰による差別だとして訴えられたら、勝てるのだろうか。

創価学会を支持母体とする公明党の北側一雄副代表は8月18日の記者会見で、6月に自民党の萩生田光一政調会長が教団関連団体の施設を訪れていたことに関し、次のように自ら説明責任を果たすよう求めた。

「社会的な問題がある。指摘されている団体との関係について、われわれ政治家は慎重でなければならない。本人がしっかりと国民の皆さんに説明してほしい」

ところが瞬く間にブーメランが突き刺さる。翌8月19日には、公明党の高木陽介選対委員長と佐藤茂樹国対委員長が、教団と関係が深いとされる月刊誌『ビューポイント』のインタビューを受け、記事に掲載されていたことが発覚する。創価学会と関係が深かろうと、教団関連団体を完全に避けることなどできないのである。

揚げ句、石井啓一幹事長は同日の記者会見で、政治と宗教の関係をめぐりこんな懸念を示した。

「宗教団体が政治に関わってはならないとする誤った論調が一部にあるが、特定の政治家や政党を支援するのは、憲法上保障されている」

政治と宗教全般の関係に議論が広がるのを、警戒した発言だとみられる。立ち位置がぶれ、迷走しているように思える。

なぜか報じられない安倍内閣の霊感商法対策

霊感商法に関しては16年10月から、「消費者裁判手続特例法」が施行されている。それまで、消費者が企業（事業者）から財産的被害を受けた場合、その被害回復を図るためには、自力で事業者を相手に交渉するか、訴訟を提起する必要があった。

このため同法は、消費者契約に関する共通の原因により、相当多数の消費者に生じた財産的被害の集団的な回復を図ることを目的として制定された。霊感商法の被害も含まれる。

また、17年6月に、改正消費者契約法が施行された。その結果、霊感などによる知見を用いて締結された消費者契約の取り消しができるようになった。

それまでは公序良俗違反による無効（民法90条）や不法行為に基づく損害賠償請求（民法709条）といった一般的な規定に委ねられていたが、これらの規定は要件が抽象的で、適用条件が消費者にとって必ずしも明確ではない部分があった。それが、消費者契約法改正で、霊感商法は取り消せるようになったのだった。

いずれも、安倍内閣での法改正・施行である。この間、現在は教団の一挙手一投足を追い回し、本物なのか、どこまで本当のことを話しているか分からない元信者の証言を大々的に報じているマスコミは何をやっていたのか。

安倍内閣時に種々の救済措置が取られ、問題が起きにくくなった今になって、一斉に「アベガー」と騒ぎ出したその姿はご都合主義的で、グロテスクに映る。その奇妙な風潮に付和雷同、便乗して安倍氏の国葬反対に傾きかねない世論も、党利党略に利用しようとほくそ笑む野党もそうである。

政策審議させない気満々の野党

立憲民主党の馬淵澄夫国対委員長は8月18日、記者団にこう強調し、国会開催を求めた。

「何よりも旧統一教会問題だ。（岸田内閣は）統一教会に関連する人たちをいったんは外して、ある意味、隠蔽するとわれわれも見ていたが、隠蔽どころか蔓延している状態が明らかになった。国会を開いて早急なる説明、関係する閣僚の説明が必要だ」

得体の知れぬ「空気」を用いてモリ・カケ・サクラに続いてこの問題で国会を空転させ、外交・安全保障面での重要な課題や政策について審議をさせない気満々だといえる。

その立憲民主党の複数の議員についても、教団との接点が既に明るみに出ているが、自分たちのことはいいから、政府・与党だけ追及させろ、といういつもの態度に呆れるほかない。惨憺《さんたん》たる笑えぬ喜劇が繰り返されようとしている。

山本七平は前掲の著書のあとがきでこう書いている。

「(空気支配が)猛威を振い出したのはおそらく近代化進行期で、徳川時代と明治初期には、少なくとも指導者には『空気』に支配されることを『恥』とする一面があったと思われる。『いやしくも男子たるものが、その場の空気に支配されて軽挙妄動するとは……』といった言葉に表れているように、人間とは『空気』に支配されてはならない存在であっても『いまの空気では仕方がない』と言ってよい存在ではなかった」

思えば、昨年夏の東京五輪の時もそうだった。コロナ禍に怯え、長い自粛と逼塞《ひっそく》の日々に鬱積した不満は東京五輪開催反対という奇妙な「空気」をつくり出した。成功裏に終わり、現在では多くの人が開催してよかったと思うスポーツの祭典に反対し、足を引っ張ることが正義であるかのようだった。

現状のままでいいはずがない。「空気」に左右されるのは恥だと言える日本でありたい。

期待外れに終わった野田元首相の胆力不足

（2022年11月）

安倍晋三元首相の2022（令和4）年9月27日の国葬をめぐり、党執行役員の欠席を決めていた立憲民主党の野田佳彦元首相が同月18日放送のBSテレ東番組で、参列する考えを表明し、話題を呼んだ。

「元首相が元首相の葬儀に出ないのは、私の人生観から外れる。『長い間ご苦労さまでした』と花を手向けてお別れをしたい」

安倍氏が自民党総裁に返り咲いた12年9月の総裁選で、麻生太郎元首相が谷垣禎一総裁を出馬断念に追い込んだ当時の石原伸晃幹事長と石破茂政調会長をこう批判したのが彷彿とするセリフである。

「石原さんを支援する人の神経がよく分からない。石原さんの出馬があったから谷垣さんが出られなくなったんじゃないか。石原さんは、谷垣さんが幹事長にしてくれた。石破さんは、谷垣さんが政調会長にした。それがそろって〝反谷垣〟という形で出馬するのは、私の渡世の考え方から言ったら考えられんな」

「人生観」「渡世の考え方」と言葉は違うが、要は美意識や良識の問題だろう。当たり前のことを当たり前に判断すれば、おのずと選ぶべき道は定まるのである。

そして、野田氏のこの発言は「立憲民主党にもまともな人がいた」と高い評価を受けた。狂気すら漂う国葬反対論の泥沼の中で、蓮《はす》が美しい花をつけたのを見たような思いだったのかもしれない。

筆者から見れば、町の鼻つまみ者の不良少年団の一人が、飢えた猫にエサをやっているところを目撃されて大人たちに「意外な一面がある」と見直され、ほめられたような話である。改めて評価するほどのことではないと思うが……。

安倍氏には、戦後日本で壊れつつあった人としての常識や最低限のマナーを、自らの手で取り戻したいという思いがあったのではないか。それが、日本人の誇りや文化を大切にしない自虐的な歴史認識を建て直し、正常化させたいという政治信条と政策につながったのだと考える。

「国葬をめぐってメディアや日本の一部のオフィシャルからあれこれと発言が出ていることを残念に思います。それどころか、故人に対する目に余る言動に心を締め付けられております」

日本の儀式である国葬について、ジョージアのレジャバ駐日大使はこうツイートした。外国の外交官にこんなことを指摘される日本社会はまともではない。

安倍氏とは「運命」が全く異なる

ともあれ、安倍氏もかつては野田氏に一定の評価を与えていた。それは例えば、第1次安倍内閣発足間もない06年11月に、野田氏の歴史認識とは相通じるものがあると感じたからだった。

当時、安倍氏は国会で、東京裁判で裁かれたいわゆる「A級戦犯」について「国内法的に、戦争犯罪人ではない」と答弁し、「戦争犯罪人だという認識がある」と述べていた小泉純一郎前首相の見解を修正した。

これに対し、民主党の岡田克也元代表(現・立憲民主党幹事長)が反論し、論戦となっていた。

岡田氏「占領下において東京裁判の結果を受け入れたわけだから、国内法に優先する。(A級戦犯は)日本における犯罪者と言わざるを得ない」

安倍氏「法律によって裁かれていないにもかかわらず、首相として政府として、この人が犯罪者だというべきではないのは当然のことだ」

「A級戦犯とされた重光葵元外相はその後、勲一等を授けられている。犯罪人ならばそういったことは起こり得ない」

「（法なくして罪なしとする）罪刑法定主義上、そういう人たちに対して犯罪人であるということ自体、おかしい」

この問題に関しては、野田氏も自身のホームページで「『A級戦犯』と呼ばれる人たちはもはや戦争犯罪人ではない」と主張し、次のように記していた。岡田氏よりもはるかに安倍氏の見解に近い。

「刑罰が終了した時点で受刑者の罪は消失するというのが近代法の理念である。（中略）既に『A級戦犯』として絞首刑になっている7人の人々も同様に解するのが自然だ」

このようなこともあり、それから5年後の11年8月の菅直人内閣末期ごろ、安倍氏は財務相を務めていた野田氏と行き会った際に真摯に語りかけた。

「あなたは歴史認識などでまともな考えを持っているかもしれないが、腹の中で抱えているだけではダメだ。政治家だったら、それを現実社会で生かさなければならない」

野田氏は「実現できる力がついたら是非やります」と答えたが、菅内閣の後を襲って野田内閣を発足させても、ついにそんな日はこなかった。

安倍氏はその前年の10年8月に、菅内閣が日韓併合100年にあたり、韓国に「痛切な反省と心からのお詫び」を表明し、朝鮮半島由来の古文書『朝鮮王室儀軌《ぎき》』を引き渡すとした「首相談話」を発表した際には、こう語っていた。

「何が菅談話だよ、全くばかばかしい」

安倍氏は談話の閣議決定に、野田氏が閣僚として抵抗したものの仙谷由人官房長官に説得されて受け入れたことを承知しており、菅氏の次の民主党政権の首相に野田氏が就いた場合についてこう語ってもいた。

「野田氏が首相になったら、中途半端にまともなだけに攻めにくいな」

だが、安倍氏の予想通り首相となった野田氏は、皮肉にも菅内閣時の約束に従い『朝鮮王室儀軌』を訪韓して引き渡す役割を担った。筆者はこの訪韓に同行したが、本来は相手に渡す必要のない古文書の一部を持参した野田氏に対し、韓国側からは謝意の一つも表されなかった。かえって、古文書の存在が韓国側で注目されることで、新たな反日の種をまいただけだった。

安倍氏は、韓国や中国への歴史問題での安易な歩み寄りや譲歩は逆に足元を見られるだけだと理解していた。一方、首相就任時から「外交は苦手だ」と漏らしていた野田氏は周囲に引きずられたのだといえる。

それが民主党の限界だったともいえようが、「実現できる力がついたら」と述べた野田氏には、その環境も経験も与えられなかったのだろう。端的にいえば力不足である。安倍氏とは政治家として持って生まれた「運命」が全く異なっていた。

「保守派からの批判はこたえる」

安倍氏も第1次政権時には、根拠のないまま慰安婦募集の強制性を認めた河野談話や、いつのどの行為について謝罪しているかも曖昧な村山談話をそのまま踏襲せざるを得ず、自身の考えや認識との相克に苦しみ、こう語っていた。

「失望を買うのは仕方がない。今は着々と力をつけ、じわじわと切り崩していくしかない。首相に就任していきなり河野談話や村山談話を正面から否定していたら、政権は倒れていた」

その考えはそれまで安倍氏を支持し、河野談話や村山談話の撤回を期待してきた保守派にもなかなか理解されず、政権の足を引っ張られることにもなった。安倍氏はこんな弱音を漏らすこともあった。

「左派から何を言われようと気にしないが、(本来は同志であるはずの)保守派からの批判はちょっとこたえるね」

それでも安倍氏は、持病悪化での退任と批判も耐え抜き、再登板後に河野談話の作成過程を検証していかにいい加減なものか、韓国との政治的妥協の産物であるかを明らかにし、少なくとも国内的には談話を無力化した。

村山談話を完全に上書きする戦後70年の安倍談話を世界が見守る中で発表し、日本を謝罪外交のくびきから解き放った。

外交の継続性や条約・協定上の縛りもあり、両談話を完全に破棄することは難しい。1998年の日中共同宣言でも「日本側は、村山談話を順守し」とあるように、談話は一種の「国際公約」ともなっている。とはいえ安倍氏は、日本外交の手足を縛り続け、子々孫々にまで贖罪《しょくざい》意識を植え付け続ける状況からは脱却させた。

第一次政権時、安倍氏は「戦後レジームからの脱却」を掲げたが、このときは「分かりにくい」と評判が悪かった。安倍氏が考えた日本の旧弊、日本弱体化を狙った押し付け憲法、歴史認識による限界、既得権益の固定化……などに関する問題意識が国民に十分に理解されるには、まだ時代が熟していなかったのかもしれない。

結局敗北したオールド左派勢力

安倍氏が首相に就任する直前の2006年9月11日に、日本記者クラブ取材の自民党総裁選3候補の討論会で、安倍氏にぶつけられたこんな質問があった。

「『戦後レジームからの脱却』という表現はアナクロニズム(時代錯誤)ではないか」

これに対する安倍氏の明快な反論が、まさに当時の言論空間のありようを指摘したものだった。

「そう考えること自体がアナクロニズムだ。日本がサンフランシスコ講和条約締結で独立を果たしたときに決まったものを、変えてはいけないという時代はもう終わった」

朝日新聞はこの年の12月16日の社説で、60年ぶりの改正教育基本法成立と、防衛「省」昇格関連法成立を受け、こんな愚痴をこぼしていた。

「長く続いてきた戦後の体制が変わる。日本はこの先、どこへ行くのだろうか」

「この臨時国会が、戦後日本が変わる転換点だった。後悔とともに、そう振り返ることにならなければよいが」

第1次安倍政権は結局、1年間で力尽き、戦後体制は再び息を吹き返すことになる。だが、今になって思えば確かにこのとき、戦後日本は新しい時代に適応するための転換点を迎え、時代の歯車は回転し始めたのである。

その意味では、旧体制の守護者であり、既得権益の利得者だった朝日のぼんやりとした不安は的中していたのだといえる。

朝日は07年元日の社説でも「安倍首相は『戦後レジームからの脱却』を掲げるが、それは一周遅れの発想ではないか」と書いたが、現在では周回遅れは朝日のほうだったとはっきりした。

安倍氏は志半ばに倒れ、その大業は未完に終わったものの、安倍氏の推進力のもと、日本は安倍以前よりはるかに歴史認識問題でも安全保障問題でも現実的になり、戦後体制そのものである憲法改正への歩みも進んだ。

安倍氏の「匍匐前進」による歴史戦の結果、米国やオーストラリアなど先の大戦での交戦国との間では、もう歴史認識問題は取り上げられなくなり、自由主義陣営の中心としての日本の立場も、すでに確立した。

慰安婦問題で延々と日本に圧力をかけ、嫌がらせを仕掛けてきた韓国も、15年12月に結んだ「最終的かつ不可逆的な解決」をうたった日韓合意の結果、政府レベルでは何も言えなくなった。今や慰安婦問題は日韓間の政治問題ではなくなり、ほとんど韓国の国内問題となっている。

旧体制堅持にしがみついてきた朝日をはじめオールド左派勢力はスキャンダル追及などで一時的に安倍氏の体力を奪うことはできたものの結局、敗北したのである。

長期政権で敗戦国の枠組み粉砕

「保守で政権を10年つなぐ。自分は何年首相をできるか分からないが、保守派の首相が10年続けば、霞が関の官僚たちは頭がいいから、保守派じゃないと出世できないと理解して保守派に染まるだろう。そうなると、それが社会に浸透していく」

安倍氏は第1次政権の発足から間もない頃、私にこう語った。後任には保守派の同志で気心が知れた中川昭一元財務相を想定していたのだと思うが、安倍氏自身がわずか1年で退任したことと、中川氏の急逝でそれはいったん頓挫する。

ところが安倍氏は再登板後、7年8カ月の長期政権を築き、当初の構想をほぼ自ら実現した。そして歴史認識問題を含む外交を重視した安倍氏の長期政権の下で、外務省の外交姿勢も大きく様変わりしたと感じる。

かつては南京事件や靖国神社参拝問題など歴史認識問題で中国側に立ち、日本国内の親中派政治家をバックに跋扈《ばっこ》していたチャイナスクール(中国語研修組)の露骨な政治的策動は、影をひそめた。

安倍氏は、敗戦国の枠組みに閉じ込められた戦後を終わらせた宰相となった。

国会の不毛すぎるロングラン喜劇

（2023年4月）

「3月から、総務省文書騒動で役所の公務は殆《ほとん》どできなくなりました。国会答弁最優先ですから、海外でセキュリティクリアランスがないばかりに不利益を受けている企業の非公開ヒアリングには終盤しか参加できず、多くの企業が参加される経済安全保障の講演会もドタキャン。『国会軽視』はしていません」

高市早苗経済安全保障担当相は2023（令和5）年3月18日、自身のツイッターでこう嘆いた。国益を損ねるひどい話である。

国会では、立憲民主党と共産党を中心に放送法の政治的公平に関する15年の総務省の行政文書をめぐって連日、高市氏への執拗な攻撃が続く。高市氏が総務相だった当時、放送法の解釈の変更などしていないと説明しても立民議員らは聞く耳を持たず、感情的に責め立てることをやめない。

行政文書は立民の小西洋之参院議員が入手したもので、高市氏はそのうち自身の言動が記された4枚の行政文書は不正確だと明確に否定している。そして実際、総務省が公表した「『政治的公平』に関する行政文書の正確性に係る精査について」と題する3月17日付の追加報告も、高市氏の主張を追認している。

高市氏は特に、15年2月13日に総務官僚が高市氏に対して行ったという放送法の「レク（説明）」に関しては、そうしたレク自体がなかったと主張していた。この点に関する総務省の追加報告にはこうある。

「なお、作成者および同席者のいずれも、この時期に、放送部局から高市氏に対して、放送法の解釈を変更するという説明を行ったと認識を示す者はいなかった」

行政文書によると、このレクには高市氏を含め6人が出席していたとされたが、もともと大臣室側の出席者3人はいずれもレクの存在を否定していた。それを、追加報告では残りの3人も認めたということである。

追加報告によると、この文書の作成者は聞き取り調査に次のように答えている。

「約8年前でもあり記憶が定かではないが、日頃誠実な仕事を心がけているので、上司の関与を経てこのような文書が残っているのであれば、同時期に放送法に関する大臣レクは行われたのではないかと認識している」

レク出席者は誰も記憶していないが、文書があるならあったのではないかという曖昧模糊とした言葉だが、総務省は国会でも繰り返しこれを読み上げている。なぜそんな回答になったか。筆者はある政府高官からこんな衝撃的なことを聞いた。

「『文書が残っているなら』の前に『上司の関与を経て』とつけているだろう。あれは記録者が最初に作ったメモを、上司が原形をとどめないほど書き換えたことをにじませたものだ。そんなことが何度かあったらしい」

上司が内容を書き換えてしまっているのなら、作成者が言葉を濁したのも頷ける。もし、総務官僚がメモや覚書の類いであろうと、行政文書を何らかの意図を持って改竄《かいざん》して記録に残したのだとすると、これは捏造《ねつぞう》と言っていい。

問題は高市氏の進退を狙う立民の思惑を超え、総務省のスキャンダルに発展する。刑事事件になる可能性もある。3月14日の衆院総務委員会では、こんな奇妙な質疑もあった。

立民の大築紅葉氏「総務省が文書を捏造するはずがない。捏造した可能性はないと考えているか」

松本剛明総務相「まだ確認中で、捏造であるかどうか私が今、申し上げることはできない」

総務相が総務省の行政文書について、「捏造ではない」と答弁できずにいるのである。それだけでも十分に怪しい。

また、15年3月9日の「高市大臣と（安倍晋三）総理の電話会談の結果」という行政文書に関しても、高市氏は安倍氏と電話で放送法について会話したことはないと述べていた。これに関しても追加報告はこう記している。

「高市大臣から安倍総理又は今井（尚哉首相）秘書官への電話のいずれについても、その有無について確認されなかった」

まさしく高市氏への立民の批判は冤罪《えんざい》であり、言いがかりに過ぎなかったのは明らかである。にもかかわらず、立民は論点をずらし、高市氏の言葉尻をとらえて非難を繰り返す。事の真偽などどうでもよく、ただ相手を攻撃し、排除できればいいといういじめの構図そのものだといえる。

都合のいいときだけ官僚礼賛《らいさん》

振り返れば通常国会が23年1月23日に開会して以来、これまで記憶に残った出来事はこの高市氏たたきのほかは、登院拒否を続けていた政治家女子48党のガーシー氏が参院で除名されたことぐらいではないか。これが国権の最高機関たる国会の現状である。

3月13日の参院予算委員会では、立民の福山哲郎元幹事長が安倍政権下のモリカケ騒動との類似を指摘していた。

「森友・加計学園も同じだったんです。安倍総理が森友学園に関わっていたらやめるといったことで、どれほどの官僚に迷惑が及んだのか。財務省（近畿財務局）の赤木俊夫さんは命まで落とされましたよ。佐川宣寿理財局長は改竄の責任を負わされましたよ。そしてそれは、官僚が正確に文書を作成していたからなんです。だって文書を公開したら安倍総理、昭恵夫人との関わりが明確になる。あのとき、土地の価格をどうしたんだとか値段交渉とか全部きっちり残っていたから、改竄せざるを得なかったんです。それぐらいこの国の公文書は、私は丁寧に正確に作られると思っていますよ」

都合のいいときだけ官僚を持ち上げる福山氏の言い分は牽強付会《きょうけんふかい》に過ぎるし、事実関係も不正確だが、国会審議が当時と似た状況にあるというのは同感である。モリカケで追及された問題と安倍氏は無関係だったのと同様に、今回は高市氏が自らのあずかり知らぬ問題で難癖を付けられている。

野党は外交・安全保障、社会保障、経済対策など山積する課題を軽視して、いつまでこんなバカげた醜聞《しゅうぶん》でっち上げに興じているのか。政府・与党は円滑な国会運営を図るあまり、いつまでくだらない質疑に付き合うつもりか。

ちなみに、ベストセラーとなった『安倍晋三 回顧録』（中央公論新社）の中で、安倍氏はこのように回想している。

《一八年（平成三十年）に国有地売却決裁文書の改竄が明らかになりますが、財務省の佐川宣寿理財局長は一七年に「政治家の関与は一切ない」「価格を提示したこと、先方からいくらで買いたいと希望があったこともない」と答弁していました。この答弁と整合性を取るために、財務省が決裁文書を書き換えてしまったのは明らかです。野党から連日追及され、財務省は本来の仕事ができないから、野党を鎮めるために改竄してしまったわけです》

《正直、改竄せずにそのまま決裁文書を公表してくれれば、妻が値引きにかかわっていなかったことは明らかだし、私もあらぬ疑いをかけられずに済んだわけです。官僚が安倍に忖度した、というように結論づけられてしまっていますが、財務官僚が私のことなんて気にしていなかったことは、その後、明らかになった文書からもそれは明白です。自分たちの組織を守ることを優先していたのです》

今回の総務省の行政文書にしても、何も高市氏に忖度していないどころか、高市氏の名前を勝手に使い利用していることが分かる。

安倍氏が指摘した野党の追及に関しては、筆者も18年3月30日の産経新聞の拙コラム極言御免「佐川氏が丁寧さ欠いた背景」で書いた。佐川氏が改竄前文書とは食い違う「丁寧さを欠いた」（佐川氏）答弁をした背景について、多忙でレクを受ける余裕もなかったという佐川氏の答弁を引用してこう結論づけている。

「もし本当に、真相解明を求める野党の追及も手伝ってのこんな過酷な状況が佐川氏の誤答弁を生み、文書改竄という最悪の結果を導いていたとしたら……。国会は、全く笑えぬ喜劇を上演中ということになる」

そして今もロングランで笑えぬ喜劇を演じている。当の安倍氏は3月9日の時点で、私に話していた。

「この件は早く片付ける。財務省に全部出させる。どの道、中身はたいしたことないんだから」

3月11日にはこう説明した。

「財務省は、佐川氏の答弁と整合性を疑われるところを落としている。平沼赳夫、鳩山邦夫、鴻池祥肇、中山成彬各氏らの働きかけの部分も全部落としている。麻生太郎さんについて鴻池氏がしゃべっていることも落ちている。ただ、全部本筋に関わりがない」

「佐川氏がいろいろと指示したのか」と問うと、こう答えた。

「佐川氏が言わない限り、こうはならない」

「切り取り」で利用される公文書

加計学園の獣医学部新設計画に関しても、一気に火を噴いたのは朝日新聞が17年5月17日の朝刊1面トップ記事で「新学部『総理の意向』」「文科省に記録文書」と見出しをつけた文部科学省の「文書問題」がきっかけだった。記事はこう書いていた。

「(文科省が)内閣府から『官邸の最高レベルが言っている』『総理のご意向だと聞いている』などと言われたとする記録を文書にしていたことがわかった」

これで野党が「安倍首相が行政を歪めた」と勢いづいて延々と追及することになったのだが、そこにはからくりがあった。

記事に添えられた「大臣ご確認事項に対する内閣府の回答」と題された文章の写真がそれである。写真はなぜか下側に影がかかり文字がよく読めないが、文科省が3カ月後の6月15日に発表した同様の文書を見ると、その部分にはこう記されていた。

「『国家戦略特区諮問会議決定』という形にすれば、総理が議長なので、総理からの指示に見えるのではないか」

つまり、安倍氏の指示だということにして取り繕っておけばどうかという話であり、逆にそんな指示などなかったことを示している。朝日が文書を安倍政権たたきに利用するにあたって、都合の悪い部分を隠したのだった。

今回の総務省の行政文書も、小西氏が全部一度に公表せずに、朝日のように取捨選択してうまく切り取って表に出せば、事態はさらに紛糾していたかもしれない。

いずれにしても、財務省だろうが文科省だろうが総務省だろうが、行政文書や公文書といっても所詮この程度なのである。記録に残されたものが全部正確とは限らないし、たとえ正確であっても、切り取り次第で全く違う意味を持たせることができる。

すべては内閣の支持率低下のため

国会がモリカケ一色だった当時、ある野党幹部はオフレコでこんな本音を漏らした。

「こっちも安倍政権に致命傷を与えるだけの材料はないし、違法性は問えないことは分かっているけれど、追及を続ければ国民は安倍首相たちは何か悪いことをやっていそうだと思い、内閣支持率は下がる。それでいい」

これは現在も同じなのだろう。政府を監視し、おかしな点、間違った施策を批判するのは野党やマスコミの仕事だが、印象操作のための批判は害悪である。

第2次安倍内閣は12年12月に発足して以降、13年12月には安全保障上の機密情報を漏らした公務員らへの罰則を強化する特定秘密保護法を成立させ、14年1月には「国家安全保障局」を発足させた。

15年4月には米上下両院合同会議で「希望の同盟」の英語演説を行い、8月には戦後70年の安倍首相談話を閣議決定し、同年9月には集団的自衛権を限定容認する安全保障関連法を成立させるなど、政権の前半には外交・安保上の目覚ましい成果があった。

ところが、17年にモリカケ騒動が起きてからは国会審議も政権の体力もそれに消耗させられ、新型コロナの大流行もあって大きな成果は乏しくなっていく。

国会がくだらない醜聞追及や根拠があやふやな個人攻撃やいじめの場と化してしまえば政治は停滞し、政策は実現しなくなる。割を食うのは国民なのである。

「一度、反吉田(茂首相)の線を出した以上、どうしても辞めてもらはなければ、ひっこみがつかない」

これは1955年に、評論家の福田恆存が新聞について評した言葉だが、ひたすら高市氏を傷つけようとする立民など野党の姿も同様に映る。実にみっともない。

被災地でカレーを食べた安倍晋三と山本太郎、一緒にするな！

（2024年3月）

2024（令和6）年の元日に発生した能登半島地震は、石川県を中心に甚大な被害をもたらした。当然、SNSでも地震をめぐる投稿が目立ったが、その中でもある野党党首と安倍晋三元首相の言動をめぐって気になるやりとりがあった。

X（旧ツイッター）では、れいわ新選組の山本太郎代表が1月5日、能登半島北部の被災地で炊き出しのカレーを食べる様子を投稿した件について、まず次のような批判が相次いだ。

「被災地の方のための炊き出しを食べるのはどうか」

「現地に負荷かけていないか」

道路があちこち遮断され、支援物資の搬送もままならない時に、政治家が目立つためのスタンドプレーで、現地に迷惑をかけるなというわけである。

当然の反応だといえるが、すると翌6日には、れいわの支持者とみられるアカウントが、11

年3月の東日本大震災時の話を持ち出し、こんな反論をして話題になっていた。

〈【安倍晋三「おいしい。おいしい。」被災直後の福島に支援物資を運び、炊き出しのカレーを食べる】あれれネトウヨさんｗｗ　山本太郎叩いてましたよねｗｗｗ〉

この投稿には、福島を地元とする自民党の亀岡偉民衆院議員がこう述べる画像が添付されている。

「安倍先生は『大変だったでしょう』『われわれは何としても助けますから』『頑張ってください』と、被災者の方々を優しく励まし、全員と握手していた。昼からスタートして終わったのは夜9時過ぎ。帰りに、私の福島市内の事務所に寄ってくれた。炊き出しの残りのカレーを、安倍先生が『おいしい。おいしい』と言って食べている姿は忘れられない」

安倍元首相も被災地に行ってカレーを食べたではないかという趣旨だが、もちろん事実関係を歪めた悪意ある投稿である。これには早速、「Ｎａｔｈａｎ（ねーさん）」というアカウント名でこんな再反論が加えられていた。

「安倍元総理は２０１１年3月26日に福島に支援物資を運んでいますが、これは東北自動車道が一般車両に開通された日であり、現在の能登半島とも状況が異なります。山本太郎と一緒にするな。なお、安倍さんは同年４月８日や29日にも支援物資を宮城県内に搬入していました」

発災4日後に被災地でカレーを食べた山本氏の事例とは状況が全く違うことが理路整然と説かれていて、一読ほっとした。SNSはこうした双方向のやりとりができるという点で健全だなと感じたのだった。

5トントラックに乗り込み被災地回る

筆者の手元に、11年5月に安倍晋三事務所が発行したニュースレターがある。そこでこれをもとに、野党の一議員だった安倍氏が被災地でどんな活動をしていたかを改めて紹介する。表紙には、福島県南相馬市の被災した老人ホーム「ヨッシーランド」の前で、津波の後の余りの被害の大きさに愕然とする安倍氏の横顔を写した写真が掲載されており、安倍氏の被災地での活動が紹介されている。

《3月26日》福島被災地を回る

「震災から二週間が経過した3月26日の土曜日。被災地の福島県を訪ねました。まだガレキの除去も終わっていない南相馬市、相馬市、新地町、福島市を回りました。世耕弘成参議院議員が調達した10トントラックと5トントラックに支援物資を積み、私と世耕さんは5トントラックに乗り込んで、早朝国会を出発しました。

（中略）

避難所の皆さんが助け合いながら懸命に頑張っている姿に感動しました。支援物資として飲料水、食糧、男女の下着などを用意しましたが、物資を受け取る際の秩序正しさ、感謝の気持ちの言葉に触れ、そこに日本人の美しさを見出《みいだ》しました。まだこの時点では被災地のガソリンや軽油が不足しており、政府の迅速な対応の必要性を痛感しました。

（中略）

現地に迷惑にならないよう事前公表せず、また県庁などには連絡せず、落選中の亀岡偉民前衆議院議員に案内してもらいました」

《4月8日》宮城県内8カ所の避難所を激励

「4月8日、宮城県仙台市、名取市、亘理町、山元町を訪ねました。今回は、私の福島行きを伝え聞いた下関の運送会社の皆さんが全面的に協力してくれました。大型トラック2台用意して下さり、社長自らも下関から仙台までの道のり、ハンドルを握りました。

山口県産のコメ、2カ月以上経っても味覚が落ちない下関扇町に工場がある製パン会社の食パン等々、地元の皆さんのご好意でトラックの荷台は満杯になりました。

この日、8カ所の避難所を回り、福島の時と同様に避難所におられる全員の方々とお話ししました。日本の安全に責任を持つ最高責任者であった者として厳しい言葉も覚悟していましたが『ここまで来てくれてありがとう』と本当に喜んで頂き、逆に励まされると同時に、責任の重さを痛感しました」

《4月29日》宮城県中小企業経営者と意見交換

「ゴールデンウィーク初日の4月29日、全線開通した東北新幹線に乗って宮城県を再度訪問しました。

（中略）

その関係者の皆さんとともに、宮城県石巻市の被災企業を訪問しました。仙台市からレンタカーで現地に向かいましたが、石巻港の惨状は目を覆うばかりでした。日本有数の製紙工場も大津波に襲われ、大きく破壊されていました。

その周辺地域には中小企業も多くあり、地元の雇用を生み出していたのです。その中小企業が再起できるのか。再生の道を何とか見出さなければなりません。

（中略）

最大の課題は運転資金です。各企業とも機械購入のために資金を調達していますが、その機材が流され、再開するためにはさらなる運転資金が必要ということです。復興のためには働く場が必要であり、成長のエンジンを守らなければなりません。被災した中小企業の皆さんの意欲を失わせないよう、政府は徳政令的な思い切った企業の債務対策を行う必要があります。

（中略）

妻の昭恵も私とは別に福島、宮城を訪問しましたが、偶然、下関、長門のボランティアの方々と会い、感激していました。

がんばろう日本！皆の思いをひとつにすれば必ず、日本は雄々しく復活します」

マスコミに自己宣伝せず

安倍氏はこのほか5月30日には岩手県盛岡市と宮古市の避難所や仮設住宅を訪問するなど、12年9月に自民党総裁に返り咲くまでに計10回ほど被災3県を訪ねて、被災地の復旧・復興に尽力している。

菅直人元首相が11年9月の首相退任後、被災地を回るどころか四国霊場八十八カ所巡りを再開したことに、原発事故で全村避難を強いられた福島県飯舘村の菅野典雄村長が筆者にこう憤っていたこととも全く姿勢が異なる。

「菅さんよ、首相を終えたならお遍路じゃなく、被災地の仮設住宅を歩くのが普通じゃないか」

また、ニュースレターからは安倍氏が被災地に迷惑をかけないように細心の注意を払い、マスコミなどにも一切、自己宣伝せずに活動していたことが分かる。自身がカレーを食べている様子をSNSにアップしてれいわの支持者にアピールした山本氏と一緒にできるわけがない。

避難所では被災者全員と話して要望を聞いているほか、「雇用」「成長のエンジン」といった1年8カ月後に再登板した際のアベノミクスを彷彿させる言葉も出てきて、当時から経済をどう回すかを考えていたことがうかがえる。

実際、このニュースレターには「復興は『増税』ではなく『国債の発行』でまかなうべき」というこんな一文も掲載されている。防衛費増のために、増税ではなく建設国債を利用すべきだと主張した後の安倍氏の主張を連想する。

「今回の復興に20兆円必要と言われています。関東大震災の時、政府が支出したのは14億円です。当時の国家予算は13億円。いまに例えれば90兆円です。

その比較でみると、日本の体力からすれば復興のための支出は難しいことではありません。1年度目は支出を多くすることが必要ですが、5年間程度で対応することになるでしょう。

復興経費は恒久的な支出ではないので、私は国債でまかなうべきと思います。これを機に日本経済を成長させ、その富で債務を返済して財政健全化することが重要です。

（中略）

これまで菅政権への批判を自重してきました。しかし阪神淡路大震災の時、震災対応のための関連法案16本のうち震災後40日で10本成立させましたが、今回は40日後に成立した法律はゼロです。

仮設住宅など復旧はスピードが勝負です。その責任を果たしているとは言えません。福島原発対応でも同様の指摘ができるでしょう。

復興では与野党の別なく、協力するのは当然のことですが、健全な野党として言うべきことはしっかりと言い続けたいと思います」

もちろん、安倍氏は被災者の声を聞き、当時の菅政権を批判していただけではない。

この間、訪問先の相馬市長と新地町長の要請を受け、国土交通省などと交渉を重ね、仙台市方面へのバスの増便、料金制限などの具体的成果も出していた。こうした政治・行政への反映こそが政治家がやるべきことだろう。

ちなみに、れいわの山本氏は自身の能登行きが一部の国会議員らからも批判されたことについて、記者会見でこう反論している。

「先を越されたことを悪魔化しようという世界が永田町。私は自分がやるべきことをやった。それ以上でもそれ以下でもない」

意味が分からない。山本氏のいう「やるべきこと」とは何だろうか。山本氏はさらに、岸田文雄首相がすぐにヘリなどで被災地を視察しようとしなかったことを批判している。

すると、早速また別のれいわ支持者とみられるアカウントがXにこんな投稿をしていた。

「能登地震。もし山本太郎が日本の首相だったら、側近から止められても、『いや、絶対行く。すぐにヘリを用意してくれ』という話になっていたと思う。岸田首相の初動の遅れのせいで数百人が犠牲となったが、山本首相が現地から陸海空3自衛隊に総動員令を出して入れば、死者数は大幅に少なかったであろう」

国防にあたる自衛隊を何だと思っているのか。総動員したとしても、あちこち遮断された陸路を使ってたどり着ける人数は限られていたことだろう。それでどうやって死者数を大幅に減らせるのか。

何より、首相が現地視察を強行して奮闘中の現場の邪魔をした実例があるのを知らないのだろうか。福島第一原発事故の翌朝、周囲が止めるのを振り切って現地に菅氏が出向いたことで、ベント（排気）作業が滞り、現場を疲弊させたことを嫌でも思い出す。

一部の山本氏支持者はまるで教祖か何かのように山本氏を崇め、神格化でもしているのか。おそらく山本氏自身も、多数派の国民には眉をひそめられても、れいわの支持層にはウケるだろう言動を意識的に選んでいるのだろう。ある意味、自らの支持層を的確にマーケティングしているとみえる。冷静で合理的であることよりも、ある種の人々の「気持ち」に合わせることを優先している。

SNS上では、ある元大学教授のこんな投稿も見かけた。

「山本太郎氏と岸田総理とどこが違うのか！はっきり言おう！人間に対する愛が違うのだ。特に苦しみ、惨めで、涙する人間に対する愛が山本氏と岸田氏では全然違うのだ」

世の中には、安倍氏のように自身の支持者たちを固めつつも、より広い国民各層を拾い上げようとした政治家と、ある一定の人々の熱狂的なまなざしを得ることを目的とする山本氏のような政治家がいるのである。

筆者も「Nathan（ねーさん）」に倣《なら》って、訴えたい。

山本太郎と一緒にするな。

国民に乏しい「政治家を育てる」発想と姿勢

（2024年4月）

「一国は一人を以て興り、一人を以て亡ぶ」（蘇洵「管仲論」）

国は一人の力によって栄えもするし、亡びもする。2022（令和4）年7月8日に安倍晋三元首相を失って以後の日本のありよう、中でも政界のていたらくを見るにつけ、この言葉を思い浮かべる。

「（派閥会長になるんだから）ちゃんとした政策集団として、自民党と国の背骨をびしっとね！」

21年11月8日、清和政策研究会（清和会）の会長に就任する直前に、安倍氏は私に抱負を語っていた。

だが、それから2年3カ月が経つ今、安倍氏の遺志を引き継ぐはずの清和会は跡形もない。岸田文雄政権も自民党も支持率は政権交代後、最低レベルに落ち込み、反転攻勢に出るどころかひたすら野党とマスコミのサンドバッグとなり、漂流を続けている。

岸田首相に至っては、法務省などが主催した「共生社会と人権に関するシンポジウム」で、次のように言い放つ始末である。

「残念ながら、我が国においては、雇用や入居などの場面やインターネット上において、外国人、障害のある人、アイヌの人々、性的マイノリティーの人々などが不当な差別を受ける事案を耳にすることも少なくありません」

「近年、外国にルーツを有する人々が、特定の民族や国籍等に属していることを理由として不当な差別的言動を受ける事案や、偏見等により放火や名誉毀損等の犯罪被害にまで遭う事案が発生しており……」

まさか民主主義にのっとった正当な選挙で選ばれた日本の代表である首相の口から、国民を差別主義者呼ばわりする言葉が飛び出すとは考えてもいなかった。岸田首相はいったい、どこのどんな事実を指してこんなことを言ったのか。むしろ、日本が他国に比べて差別が少ないことを誇りに思うべきではないか。

安倍氏がかつて、執拗に選挙演説妨害を繰り返す特定の連中を「こんな人たち」と呼んだことはいまだに批判の対象となっている。だが、岸田首相の言葉はそれよりはるかに根が深い。

自分たちのリーダーにそんな目で見られているという現実は、国民に深刻なモラルハザードを引き起こしかねない。バカにするな、もう真面目にやっていられるかという気分にもなろう。

こんな愚かな発信を首相が自らすれば、日本は差別大国だとレッテルを貼られ、歴史戦の道具にしたい外国勢力に利用されても文句は言えない。いくら否定しても「首相が認めているじゃないか」の一言でおしまいである。

安倍氏のような「それは違う」と叱ってくれる人間がいなくなった現在、岸田首相は時に暴走を始める。いかに低支持率と不人気にあえいでいようと、最高権力者だから始末が悪い。岸田首相に対し、安倍氏ほどではないにしても比較的にモノが言えたり、距離を置いた立場から相談相手となったりできた清和会は自ら解散に追い込み、遠ざけてしまった。もはやワイドショーに支配された裸の王様状態である。

今や岸田首相に強く意見ができる存在は麻生太郎副総裁しかいないが、その麻生氏にも黙って宏池会の解散を決めたことで、2人の隙間風は大きくなった。自民党は背骨が折れ、ガタガタである。

さらに、自民党の派閥パーティー収入不記載問題で、清和会の元幹部らを処分するという。将来の首相候補級の人材を何人も放逐《ほうちく》して、自民党はもつのか。次から次へと人材を失っても、有為《ゆうい》な人材はまた現れるとでも思っているのか。それとも自らの保身に汲々《きゅうきゅう》として全体のことまで考える余裕がないのか。

連立を組む公明党は自民党の足元を見て、防衛装備品の輸出ルール見直しで、国際共同開発した完成品を第三国に直接移転しようという国際情勢に合わせた動きの邪魔をしている。一時は前向きな姿勢に転じたようにも見えた憲法改正についても、また足を引っ張るようになってきた。

これでもう少し野党が強ければ、まるで政権交代前夜の様相だといえる。安倍氏が凶弾に倒れた後、まさに坂道を転げ落ちるかのように落ち目になっていく。

安易な派閥解散が招く大きすぎる代償

中東では第三次世界大戦の前兆のような紛争が続き、ロシアの侵略に抵抗するウクライナの情勢も危うく、24年11月には世界の枠組みを左右しかねない米大統領選が待ち構える。そんな時代に、日本の国会では不記載だの裏金だのちまちまとした揚げ足取り合戦が延々と続く。政治資金規正法改正は論じても、より深刻な外国勢力によるパーティー券購入の規制は与野党とも触れようとしない。

幕末の志士、明治の元勲を数多く見てきた勝海舟は、とうの昔にこう喝破している。

「全体、政治の善悪は、みんな人にあるので、決して法にあるのではない。それから人物が出なければ、世の中は到底治まらない」

そして、はっきり言えば現代の政界は人物、人材が払底しているのである。世界情勢を把握し、海外の海千山千の要人らと対等以上に渡り合え、安全保障や財政にも通じて地方の事情も分かる人材がどれだけいるだろうか。

その全てを兼ね備え、明るく率直な人柄もあって世界中から惜しまれる安倍氏のような政治家は、おそらく100年に1人も出ない。安倍氏には及ばずとも、安倍氏の志の一部でも継承しようという政治家ですら、多くはない。

政治家はもともと一国一城の主であり、われこそは日本のリーダーにふさわしいと考えている者なら少なくないだろうが、客観的に見てそうだとうなずける人の顔が、どれだけ思い浮かぶか。

ほとんどいない。反対に、本人にその意思はあろうとも、絶対にリーダーにしてはいけないと思える人物ならすぐ何人も思いつく。

そんな現状下で現在、将来のリーダーたらんとして修養中の政治家を簡単に潰し、使い捨てしてしまっていいのか。政治家が雑巾《ぞうきん》がけをしながら政策を学び、互いに切磋琢磨《せっさたくま》し、己を高めていく場である派閥を安易に否定し、人間関係すらろくに築けない国会議員ばかり増やしてどうするのか。

あるいは、有為な政治家をパーティー収入不記載が多かった派閥に属していたからとか、誰々と近かったからとかつまらない理由で悪魔化し、放逐するようなまねをする余裕が日本にあるのか。

政治家は壊れたら、より性能のいい新品に買い替えればいい家電製品でも乗用車でもない。代わりなどいない一人の人間であることが、忘れられている。

勝海舟はこうも論じている。

「世間では、よく人材育成などといつて居るが、神武天皇以来、果たして誰が英雄を拵《こしら》へ上げたか。誰が豪傑を作り出したか。人材といふものが、さう勝手に製造せられるものなら造作はないが、世の中の事は、さうはいかない。人物になると、ならないのとは、畢竟《ひっきょう》自己の修養いかんにあるのだ」

政治家は神ではない

思うに日本社会は、平成の最初の10年間ほどが最も無自覚に左傾化していた。この時代に慰安婦騒動が巻き起こり、国際問題化し、細川護熙首相が先の大戦を「侵略戦争」と決めつけ、社会党の村山富市首相が植民地支配や侵略的行為に深い反省を示した戦後50年決議を強行し、村山談話を発表した。

河野洋平官房長官は慰安婦募集の強制性を根拠なく認めた河野談話を発表し、自衛隊嫌いの加藤紘一幹事長が「自民党のプリンス」と呼ばれ、首相候補のトップとされ、権勢を極めた。

日本社会がそのまま赤く染められ、現在以上の「リベラル全体主義」一色とならなかったのは、そんな時代の1993年に衆院初当選した安倍氏や、その兄貴分であり盟友だった中川昭一元財務相らの活躍があったからである。

安倍氏と中川氏らは議員連盟や政策勉強会を通じ仲間を増やし、研鑽《けんさん》を積み、さまざまな経験をして見識を高め、時間をかけて地位を固めていった。2人とも、強い愛国心と情熱に貫かれた稀有《けう》なまたとない「闘う政治家」だった。

その2人がもうおらず、彼らの後継者といえる存在もまたいない中で、彼らの薫陶《くんとう》を受け、謦咳に接した政治家らを排除し、遠ざけてどうするのか。

マスコミにちょっと批判されたら、事情を説明して反論するでもなく、批判をかわそうとして論点をずらし、すぐに逃げる。政治と宗教の問題でも、政治とカネの問題でも同じ手法で、決して立ち向かわない。今やそれが岸田政権のイメージとなった。

もともと政治家は小説でもテレビドラマでも何でも、「悪」として描かれがちである。自分の手は汚さずに権力を使って報道に圧力をかけ、官僚を操ってあくどく金もうけをする存在というステレオタイプの描写が、物語として分かりやすいらしい。

ちなみに、事件記者の役柄は正義を追求する主人公クラスが多く、政治記者は政治家とグルになって暗躍するか、政治家に追従するお調子者というパターンが一般的か。これも見事なステレオタイプだが、実際はそういうものではない。

そういった類いの政治家は皆無ではないにしろ、四半世紀以上にわたり政治部に所属して間近に見てきた政治家は、ちょっと目立ちたがり屋が多いにしろ、ごく普通の人間だった。悪だくみなどしていないし、料亭政治などとうの昔に廃れてしまった。

今回の政治資金パーティー収入不記載問題にしろ、パーティー収入は国民の税金ではないし、不記載は贈収賄や詐欺でも何でもない。ほとんどの議員が修正申告で済むような話に100人もの検事を投入した東京地検は、やりすぎではなかったか。背後にはもっと大きな犯罪行為があると決めつけて始めた見込み捜査ではないのか。

本誌2月号でも触れたが、もはや政界には「巨悪」もいない。それだけの存在感のある人物は存在しない。

大疑獄として大々的に報じたマスコミと検察リークのあり方に、問題はないといえるのか。捜査が招いた国政の混乱と停滞、強まった政治不信、失われた国益に誰が責任を取れるのか。政治家は裏で悪いことをしているという印象を国民に植え付け、そこから何が得られるというのか。

私がこれまで見てきた政治家の多くは、悪魔的存在どころかむしろありていに言えば「か弱い」存在である。有権者の動向におびえ、世論調査に言動を左右され、政治活動のための金策に悩み、選挙に負けたら無職となる。

時には検察が描いた事件の絵図の中で勝手に悪者にされ、講演会でのリップサービスを切り取られて報じられ、犯罪者のように追いかけ回される。

政策遂行や外交的成果を称賛されることは少なく、過去の功績はすぐに忘れられ、表面的な直近の言葉のみで判断される。有権者に顔と名前をおぼえていてもらうため、土日祝日も潰して支援者回りやお祭り、冠婚葬祭に走り回り、常に対立候補と競い合う。揚げ句、何回当選して働いても退職金も出ない。私設秘書の社会保険料や退職金の用意も必要となる。たんまり退職金を受け取れ、退職後は天下りもできる検察官や官僚のほうがよほど安定しており、強者だといえる。

有権者は政治家を悪と思い込んで蔑んだり、ある日突然現れた救世主のように過度に期待したりするのではなく、一人の当たり前の人間としてもっと見たほうがいい。

そして、何かをやってもらおうと座して期待するよりも、何かをさせようと働きかけ、使うことをすべきではないか。それが主権者たる国民の役割だと考える。

そのためには、政治家をただ叱咤《しった》するだけではなく1人の人間と見て激励もし、直接声を届け、育てるという姿勢も必要だろう。政治家はマスコミ論調などに惑わされ、勘違いすることは多々あるが、有権者の声に耳をふさいではいない。

安倍氏がコロナ禍の20年6月にふと口にした言葉が印象深い。ひたすら現実と向き合った彼らしいこんな一言である。

「政治とは、与えられた条件の中で最善を尽くすことだ」

現実社会にはさまざまな制約があり、たとえ最高権力者であろうとできることは限られる。政治家は神ではないし、日本では独裁者にもなれない。その中で現実と格闘する政治家を励まし、力を与えるのは有権者の支持である。政治家を叩くより活用すべきだろう。

第4章　岸田文雄首相と「腰抜け」自民党に喝！

強化された日米同盟の遺産をもっと活用せよ

（2023年3月）

岸田文雄首相は2023（令和5）年1月15日、先進7カ国（G7）のメンバーである欧米5カ国歴訪を終えて帰国した。5月に広島市で開くG7首脳会議（サミット）に向けた根回しもおおむね成功し、同行した外務省幹部は上機嫌に振り返る。

「手応えをかなり感じた。英国、フランスは普段会談をやらないような場所を用意してくれ、イタリアのメローニ首相は昼食会がものすごく盛り上がり飛行機の時間に遅れそうになった。カナダは滞在時間が短かったがトルドー首相はとても喜んでくれた。最後、へとへとになり米国に行ったが、バイデン大統領があそこまで歓待してくれて疲れも吹き飛んだ」

1月13日の日米首脳会談では、ホワイトハウス南庭で岸田首相を出迎えたバイデン氏が、首相の右肩に手を回しのせた姿が話題となった。戦後日本の安全保障戦略を転換した新たな「安保3文書」を閣議決定し、日本も相応の負担を担おうとする岸田首相を純粋に歓迎したものか。あるいは、格下とみてマウンティングしてきたのか。

ともあれ、バイデン氏は日本の防衛費増額を「歴史的」とたたえ、岸田首相を「素晴らしいリーダー、真の友人」と持ち上げた。岸田首相も日本ではあまり見せない満面の笑みで応じていた。

日米同盟が強化され、日米関係が良好に推移することが好ましいのは間違いない。根っからの親中派で知られる林芳正氏を外相に据えたことで、当初は米側に警戒心を持たれた岸田首相が、ようやくホワイトハウスに受け入れられたことも一定の評価はできよう。

ただ、現在の日米同盟強化の路線を敷き、オバマ米政権下で副大統領を務めたバイデン氏とやりとりをしてきた安倍晋三元首相のバイデン評が、かなり辛口だったことも忘れてはなるまい。

日韓関係を全く理解してないバイデン氏

13年12月26日、安倍氏が「国民との約束だ」として靖国神社に参拝した前後に語った言葉を振り返りたい。

日本、中国、韓国歴訪の最初の訪問国として訪日したバイデン氏は同月3日、安倍氏と会談した。会談冒頭、オバマ米大統領の「安倍首相は短期間で日米同盟の強化で実績を挙げている」とのメッセージを代読し、良好な関係をアピールすることもしたのだが……。

当時、中国の習近平国家主席と韓国の朴槿恵大統領は歴史認識問題などを理由に、安倍氏とは会談しないという頑なな姿勢を取っていた。米国は極東情勢安定化のため、日韓の間を取り持とうと働きかけていたが、日韓関係の経緯に疎く、一方的に韓国の肩を持つことが多かった。

バイデン氏との会談後、安倍氏に感想を聞くとこう答えた。

「いろいろ言っているけど、特に中韓がしようもないなとだんだん分かってきた。『何で朴はああいうスタンスなのか』と随分聞かれたよ」

ところが、バイデン氏は結局、問題の所在を理解できていなかった。同月23日、安倍氏は韓国から帰米したバイデン氏から電話を受け、その内容に愕然とした。バイデン氏はこう述べたのである。

「朴氏には、『安倍氏は靖国神社に参拝しないと思う』と言っておいた。あなたが参拝しないと明言すれば、日韓首脳会談に応じるのではないか」

どうして頭越しに、朴氏にそんな憶測を語るのか。「バイデン氏は何も分かっていない」と驚いた安倍氏はただちに反論し、誤解を解こうと説明した。

「そんな一方的な条件をつけた話を、受け入れるわけにはいかない。首脳会談のために韓国に『行く、行かない』と約束するつもりはない。私は第1次政権のときに靖国神社に参拝しなかったことを『痛恨の極み』だと言って、平成24年の衆院選に勝っている。参拝は国民との約束だと思っている。いずれかの段階で参拝するつもりだ」

安倍氏は、バイデン氏が韓国にとって重要なのは慰安婦問題よりも靖国神社参拝問題だと勘違いしていると察し、さらに述べた。

「そもそも靖国神社参拝の件より、慰安婦問題のほうが大きなハードルとしてあるんだ」

これに対し、この時点ではバイデン氏はあっさりと「行くか行かないかは当然、日本の首相の判断だ」と流したのだった。

この頃、訪米して米政府高官やシンクタンク、マスコミ関係者らに日中、日韓の歴史問題に関して説明して回った外務省高官は、こうこぼしていた。

「米政府は、日本は韓国と戦争をしたことはなく、韓国は本来、靖国神社問題と関係ないことを分かっていない。また、日本で靖国神社が持つ意味、戦没者追悼の中心施設であることをあまりに軽視している」

「失望」表明へのすさまじい怒り

そして安倍氏が実際に靖国神社に参拝すると、在日米大使館がホワイトハウスの指示だとして「失望（disappointed）」を表明した。それまで小泉純一郎首相の6度にわたる靖国神社参拝を含め、日本の首相の参拝について公式に批判するようなことはしなかった米国が、あえて「失望」を表明したのはバイデン氏のこだわりだった。

バイデン氏は安倍氏から靖国神社に参拝する考えを伝えられておきながら、思い込みから聞き流し、せっかく韓国との仲を取り持ったのにメンツを潰されたと激怒し、異例の「失望」を表明させたのである。さすがにホワイトハウスからの表明は控えたが、日本から見ればいい迷惑である。

このときの安倍氏が私に見せた怒りはすさまじいものがあった。

「米国は全然、戦略的ではない。（中韓が歴史問題で日本を非難している）今、米国があんな声明を出したって、中韓の反日勢力を勢いづかせてかえって東アジアの緊張を高めるだけだ。米国の世界戦略として全く意味がない」

安倍氏をはじめとする日本側の激しい反応は、米側にすぐに伝わった。年が明けて14年になると、一転して靖国神社参拝をもう済んだ話と位置づけ、日米間の融和を演出するようになった。

外務省にはすぐに、米国務省からこんな反省の弁も聞こえてくるようになる。

「在日大使館がdisappointedを『失望』と訳したのは表現が強すぎた。せめて『落胆』か『残念』とすべきだった」

1月4日には私に、安倍氏からこんな電話がかかってきた。

「きょう、ヘーゲル米国防長官が、米軍普天間飛行場移設問題で沖縄県が名護市辺野古の埋め立てを承認したことに関し、お礼の電話をしたいと言ってきた。やはり米国は相当、慌てている ね。在日米大使館のホームページは、(失望表明への反発のコメントで)とんでもないことになっている。面白いから見たほうがいいよ」

そしてさらに、その顛末《てんまつ》についてこう付け加えた。

「頭にきたから、米国からの電話会談要請を受けるのはよそうかとも思ったんだけど、『靖国神社参拝批判はしない』という条件で受けてやった」

そこで私が、「米側の反応は何を今さらという感じだ」と言うと、安倍氏も呼応した。

「そう、今さらなんだよ。しかも、新藤義孝総務相が元日に靖国神社に参拝した後だから痛快だよね。私自身はしばらく、米大使館から会いたいとかあれこれ言ってきても受けるのはやめようかと思っている」

こうした安倍氏とバイデン氏とのやりとりについて、産経新聞が1月末に内幕記事を書くと、安倍氏が含み笑いをしながら電話をかけてきた。

「靖国の記事、よかったね。あれでバイデン氏が怒ったらしい。佐々江賢一郎駐米大使のところに文句を言ってきた。しかし、実際にバイデン氏があぁ言っているんだから。あいつら、『失望した』なんて言いやがって」

この頃、安倍氏はオバマ政権で2年半にわたり国防長官を務めたゲーツ氏が米国で出版した回顧録について、こう言及することもあった。

「ゲーツも著書で、バイデンの判断したことで一回もいいことはなかったと書いているね」

実際にゲーツ氏は著書で、国際政治の知識と経験は誰にも負けないと主張してきたバイデン氏について、「誠実な男」と評価しつつもこう突き放している。

「バイデン氏は過去四十年間、ほとんどすべての重要な外交施策と安全保障に関する判断で過ちを犯してきた」

この年2月には、安倍氏の側近である衛藤晟一首相補佐官が、インターネット上でこう発言したことも話題になった。

「米国は失望したと表明したが、むしろわれわれが失望という感じだ。米国は同盟国の日本をなぜ大切にしないのか」

これに対し、日本のマスコミは「とんでもない失言だ」と批判し、米国の怒りを買うのではないかと大騒ぎしたが、当の米国はもう特段反応しなかった。

安倍氏は当時、こうしたマスコミの媚びるような対米姿勢について冷ややかにこう語った。

「彼らは、自分たちが卑屈で自虐的だと思わないのかね。笑ってしまう話だ」

当時、自民党の萩生田光一総裁特別補佐も「米国は共和党政権の時代にこんな揚げ足を取ったことはない。オバマ大統領だから言っている」と発言していた。つまり、「失望」表明への怒りは安倍政権の総意だったと言える。

米国社会を分断した張本人

安倍氏や安倍外交について、野党や左派マスコミはまるで対米追随路線であるかのように批判することが多かった。だが、実際に安倍氏の取材をしていて、そんな印象を持ったことはない。

むしろ、米国の無知や傲慢、身勝手な善意の押し付けには厳しい態度で反論していた。特に米国の日本の歴史認識問題に対する口出しに関しては、このように語るのを聞いたこともある。

「そもそも日本に2発の原子爆弾を落とし、（無辜《むこ》の民間人を意図的に狙った）東京大空襲を行った米国に、歴史問題についてとやかく言われたくない。米国にそれを言う資格はあるか」

知日派といわれる米国の対日専門家らとは、日頃は親しく振る舞っていたが、歴史問題ではその限りではなかった。共和党系のアーミテージ元国務副長官が、安倍氏に慰安婦問題などでの韓国への譲歩を求めた際には、こう反論した。

「日本の保守派は親米派が多いが、米国による原爆投下や東京大空襲を忘れたわけではない。あまり米側が慰安婦問題などを言い募れば、彼らもそうした過去を言い出すことになる」

安倍氏の勢いに、アーミテージ氏は「そうなのですか」と黙って引き下がったという。

話をバイデン氏に戻すと、バイデン氏の大統領就任前の20年11月13日には、安倍氏とこんな会話をした。

衆院議員会館の安倍事務所を訪ねて雑談を交わしていた折に、米大統領選と米国社会のありようが話題になった。日本では、共和党のトランプ政権下で米社会の分断が進んだと語られがちだが、安倍氏は異なる見方を示した。

「トランプ氏が分断を生んだのではなく、米社会の分断がトランプ大統領を生んだ。そして、その分断をつくったのはリベラル派であり、民主党のオバマ前大統領の任期の8年間だ。バイデン政権となれば分断はさらに進むだろう」

オバマ政権下では、リベラル派がわれこそ正義とばかりにポリティカル・コレクトネス（政治的正しさ）を過剰に振りかざし続けてきた。その結果、保守派は本心を隠して疎外感を味わい、偽善を排するトランプ氏の出現を歓迎したとの見立てである。

オバマ氏は当初、安倍氏を歴史修正主義者で危険なナショナリストではないかと警戒していたが、安倍氏は徐々にその警戒心を溶かし、最終的には被爆地、広島まで連れて行った。

安倍氏は大統領就任前からトランプ氏に接近し、蜜月関係を演出したが、それはトランプ氏への属人的好感があったからではない。仮に相手がバイデン氏だろうと、米大統領であればいい関係を築く努力をしたのは間違いない。

岸田首相は、安倍氏が米上下両院合同会議演説も含め米国との歴史上の「和解」を成し遂げ、日米同盟強化のレールを敷いた遺産を生かせばいい。ただ、バイデン氏と気が合うのはいいが、ほとんどすべての重要な外交・安保上の判断を誤ってきた彼の轍《てつ》だけは、踏まないようにしてもらいたい。

改憲を掲げるわりに全く足りない熱量

（2023年6月）

「21世紀という新しい時代にふさわしい憲法を、自分たちの手でつくるべきだ。憲法改正を政治日程にのせるべく政治的指導力を発揮すると決心した」

安倍晋三首相は第1次政権当時の2006（平成18）年10月、英紙「フィナンシャル・タイムズ」のインタビューで、任期中に憲法改正を目指す考えを明言した。

憲法改正については『憲法改正の歌』を作詞し、「平和民主の名の下に　占領憲法強制し祖国の解体計りたり」と歌った中曽根康弘元首相ですら在任中は封印していた。在任中の憲法改正の決意表明は、戦後歴代首相で初めてのことだった。

それから17年近くが経つが、残念ながら憲法改正は実現していない。安倍氏も凶弾に倒れ、泉下の人となってしまった。

ただ、現職の首相が自ら旗を振って改憲の必要性を訴え続けてきた結果、憲法改正はもはややタブーではなくなった。かつては不磨の大典扱いされ、神棚に祀り上げられて埃をかぶっていた憲法は、あと一歩で改正というところまできている。

衆院憲法審査会では4月6日から、憲法9条と国防規定についての議論が始まった。衆院では毎週、憲法審が開催されており、緊急事態条項に関する議論も活発に行われている。

また、衆院に比べ憲法審が開かれることが少なく、議論が低調だった参院でも、消極的だった立憲民主党が結果的に議論から逃げられなくなった。小西洋之参院議員が衆院憲法審を「サル」「蛮族」と呼び、報道機関への恫喝を繰り返したため、サボタージュを続けられなくなったのである。

憲法をめぐる国会情勢は以前とは様変わりし、改憲派の政党が多数派となっている。ただ、日本維新の会幹部は語る。

「どうも肝心の自民党から、何が何でも改憲しようという熱意が伝わってこない。今、国民投票をして自衛隊の憲法明記の是非を問うたら、反対するのは共産党員ぐらいだろうに」

岸田文雄首相もたびたび憲法改正への意欲は語るが、安倍氏のように強い発信や意思表明は少ないため、自民党内に一気に進めようという熱量が足りないのだろう。

安倍氏は第2次政権発足の約2カ月前、12年10月に国会近くのザ・キャピトルホテル東急で名物のパーコー麺を食べた際も、汁まで飲み干して憲法改正のスケジュールについて話した。

私が「4年後の参院選をめどにまず（改正発議要件を現行の3分の2から2分の1に引き下げる）96条改正ですか」と聞くと、安倍氏はこう答えたのだった。

「そうしたい。その時は衆参ダブル選挙でいい。本当は来年の参院選後にもやりたいところだが、そう簡単ではないだろう。何としても憲法改正をやり遂げたい。公明党はついてくる」

首相に返り咲く前だったが、すでに具体的日程についても考えていたのだった。政治だから思う通りには進まなかったし、安倍氏のトーンにもその時々の強弱はあったが、それも計算した上でのことだった。

13年に入り、左派マスコミを中心に「まず96条改正というのはご都合主義だ」「裏口入学」などと批判が強まった。この年6月、安倍氏に「姿勢がトーンダウンしていると言われているが」と問うと、こう話した。

「戦略的トーンダウン、というかトーンダウンでもないんだけどね。本当に改正したいのは9条だけど、（維新の）橋下徹さんたちが96条からというから、それもいいかという話だった。政治は結果を出すことが大事なのだから、どこからやるかというのはたいした問題じゃない。どっちみち国民投票で過半数をとらなくてはいけないんだから、それができなきゃ意味がない。憲法改正の発議が目的でも何でもないんだから」

そして7月の参院選の結果、いわゆる「改憲勢力」は衆参両院でそれぞれ憲法改正の国会発議に必要な3分の2の議席を確保した。この選挙の直前、選挙戦の終盤情勢を踏まえて安倍氏が私に語った言葉には感銘を受けた。何事も前向きにとらえる安倍氏の真骨頂を見た気がしたからだった。

「人生、やればやれるものだ。仮に6年前（第1次政権時代）の参院選で適当な議席で勝って安倍政権が長続きしていた場合より、一度政権を失った今回のほうが憲法改正に必要な議席に近づくことだろう。6年前とは雲泥の差だね。今回も左派メディアは相当、私の足を引っ張ろうとしていたが、大きな流れは変わらなかった」

わずか37議席しか得られず惨敗し、退陣理由の一つとなった第1次政権での大きな蹉跌《さてつ》の経験すら、改憲のためにはよかったというのである。まさに不撓不屈《ふとうふくつ》、百折不撓《ひゃくせつ》の精神だと感じた。

熊本地震と衆参ダブル選の機運

安倍氏は憲法改正を単なる政権のスローガンとするのではなく、現実の目標に据えていたため、国政選挙のたびに議席を維持できるタイミングを考えてもいた。

14年11月、消費税を8％から10％へと再増税するのを先延ばしし、衆院解散・総選挙の断行を表明したのは財務省の消費税上げ圧力を跳ね除けるためでもあったが、私にはこうも説明していた。

「大目標（憲法改正）を考えると、自民党の衆院議席を20～30議席減らさずに、現在の294議席を可能な限り維持できるタイミングを計りたい。まさに勝負だ」

翌12月の選挙で必要な議席は確保できたが、安倍氏はこの時点ではなお機が熟していないとみていた。祖父、岸信介元首相は『岸信介証言録』（原彬久編、中公文庫）でこう語っている。

「国民に、憲法改正が必要であり、憲法改正をすべきである、あるいは改正せざるをえないのだという気持ちを起こさしめるような宣伝、教育をしていかなければならない」

一方、安倍氏は12月24日の記者会見でこう強調した。

「国民的な支持を得なければならない。どういう条文から国民投票を行うのかどうか、またその必要性などについて、国民的な理解をまずは深める努力をしていきたい」

説かれている内容はそっくりだと感じる。そして16年3月には、安倍氏は参院予算委員会で満を持したように憲法改正について述べた。事前に用意していた想定問答にはない言葉だった。

「在任中に成し遂げたい。自民党は立党当初から党是とし、憲法改正を掲げている。私は自民党の総裁でもあり、それを目指していきたい」

翌4月には、私に語気を強めてこうも語った。

「自民党を見回しても、絶対に自分が憲法改正を成し遂げるというガッツがある人がいない。だから、私がやるしかない」

ただ、この時は同時に「もう少し時間をかけなければいけない。今はまだ、本格的に仕掛けはしない」とも述べていた。そして同じ4月に震度7を記録した熊本地震が発生し、大きな被害が出たため、同年夏に衆参ダブル選挙を行う機運も薄れていく。

私も5月に入って安倍氏に「阿比留さんはどう考えるの」と聞かれ、「地震前までは同日選でいくべきだと思っていたが、今は慎重になった」と答えたのを記憶している。安倍氏はこう答えた。

「うん。熊本の件があるのに押し切っても、せっかく参院選は勝てる要素が出てきたというのにかえって足を引っ張りかねない。衆院の調査をやっても同日選の効果はなかなか分からない。参院選で52～53議席以上取るのであれば、わざわざ衆院選をやる必要がない。衆院で260～270議席を取れても、わざわざ同日選をやって衆院を減らしたんじゃないかと言われることになる」

当時、首相官邸内にも今井尚哉首相秘書官のように「ダブル選をやるぐらいじゃないと憲法改正はできない」という衆参ダブル選積極派はいたが、安倍氏は結局、単独での参院選を選んだ。

投開票日の翌日、7月11日未明には安倍氏はほっとした様子で語った。

「まあ、よかった。接戦区を落としたのは残念だったけど、改憲勢力で3分の2は取れた」

改憲に失敗したら30年は凍結覚悟

とはいえ、その後も天皇陛下(現・上皇さま)の譲位のご意向をどうするかや、米大統領選でのトランプ氏勝利など国内外で難問発生や大きな出来事が相次ぐ。

安倍氏は「急がば回れ」との姿勢を取らざるを得ない。この年11月には、改憲に取り組むことの難しさをこう吐露した。

「改憲勢力が3分の2というけれど、自民党議員が3分の2ではない。そこを勘違いしてはダメだ。公明党がいるんだから、願望だけ言ってもダメ。政治は現実だから、改憲に失敗したら30年ぐらいはできないかもしれない。大空振りして内閣総辞職となったら、次の内閣は発足時に『憲法には手を出しません』と宣言することになるよ」

だが、安倍氏はかねて「自衛隊の位置付けの問題も含め、9条は避けて通れないというのが私の考えだ」と繰り返し語っていた。いざという時に国家国民のため、真っ先に尊い命を捧げると服務の宣誓をしている自衛隊員に、相応の名誉を与えないといけないという信念からだった。安倍氏は慎重に振る舞いつつも、時が満ちるのをじっと待っていた。

17年5月3日の憲法施行70周年に合わせ、改憲派が都内で開いた集会に寄せたビデオメッセージでは、憲法9条の1項、2項を残しつつ自衛隊の存在を明記する憲法改正を明言した。

1週間後、安倍氏に背景を聞くと、次のように語った。

「国民が決めるということ、国民主権が発揮される機会を確保する上で3分の2条項（96条）の改正は、国民が意思を示す機会をつくるべきだという考えからいいと思った。しかし、理解されなかった。誤解に基づく批判を受けることになった」

「やはり、こちらの本来の主張は9条だった。自民党もずっと、核心である9条に自衛隊の存在を明記することを言ってきた。それと、与党でまとめられる可能性が高いということを考えた」

「公明党が受け入れられるものでなければならないという政治的な現実の中で、自衛隊の違憲論争に終止符を打つということだ」

本来であれば、安倍氏にしても「陸海空軍その他の戦力は、これを保持しない」と定める9条2項は削除したいところだったろう。だが、現実主義に徹する安倍氏は公明党が絶対に受け入れない案を打ち出すことはしなかった。

その後、安倍氏は石破茂元幹事長ら自民党内からの反対論には、こう反論していた。

「政治は現実だ。いくら立派なことを言っても実現できなければ意味がない。私の改正案が自民党案と違うと批判する人は、公明党を説得してから言えばいい」

9条への自衛隊明記論はもともと、安倍氏と関係が良かった公明党の太田昭宏前代表の腹案でもあったと聞く。いよいよ待ちに待った憲法改正が動き出すかとわくわくしたが、その後、世界は新型コロナウイルス禍に襲われる。

安倍氏自身も20年夏に持病の潰瘍性大腸炎が再発し、「この体調では自衛隊の最高指揮官は務まらない」と9月に退陣することになる。

病気再発直前の6月には、安倍氏は私に、改めて憲法改正への意欲をこう語っていた。

「政治とは、与えられた条件の中で最善を尽くすことだ。もちろん、あと1年余の（自民党総裁）任期でも憲法改正はあきらめない。かえって1年のほうが怖いものはない」

「秋の臨時国会では、憲法審に強い姿勢で臨む。仮に野党が出てこなくても、審議は進めるということだ」

安倍氏は、もし憲法改正のために必要ならば衆院解散・総選挙に打って出るとも話していた。岸田首相にそのガッツは果たしてあるだろうか——。

22年5月頃から、公明党は憲法への自衛隊明記に前向きな姿勢を見せ始めた。9条ではなく首相や内閣の職務を規定する72条か73条が対象だったが、ロシアによるウクライナ侵略もあり世論の風向きを読んだのだろう。

「ようやくここまで来たんだね……」

5月22日、安倍氏は私にこんな感慨を示したのだった。岸田首相には、ぜひ自衛隊明記の憲法改正をやり遂げ、泉界の安倍氏に報告してもらいたい。

ＬＧＢＴ法案で自民党保守派を潰した岸田首相

（２０２３年７月）

岸田文雄首相は２０２３（令和５）年5月16日、東京都内で開かれた自民党安倍派の政治資金パーティーでの挨拶で、まず1年前の同パーティー時には健在だった安倍晋三元首相を偲んだ。

「私の下手な挨拶、全くウケないジョークにも大きな口を開けて笑っていただいた安倍元総理の優しい笑顔、今でも私は忘れることができません。安倍元総理が亡くなられてから、まもなく1年が経とうとしています。私たちが心から敬愛申し上げた安倍元総理のご冥福を、改めてお祈り申し上げたい」

その上で、岸田首相は次のように強調していた。

「新型コロナとの戦い、あるいは国際秩序が大きく揺らがされている。何十年に一度というべき困難に直面しているとき、ハトとかタカとか、こうしたレッテル貼りはあまり意味がない時代になってきたと感じています。今、国民が求めているのは、ハトでもなくタカでもなく、国益のために力を合わせ、国民のために結果を出してもらいたいということである」

確かに、ハト派だとかタカ派だとか決めつけて枠をはめることに意味はない。そうではあるが、私はこの言葉を聞いて、安倍氏が21年11月、少数民族弾圧などで国際的な非難を浴びていた中国に対して態度が煮え切らない岸田首相についてこう語っていたのを思い出した。

「まあ、ちょっと保守層をあまり甘くみないことだね。(10月31日投開票の)衆院選に、どうして勝てたかということだ」

9月の自民党総裁選に勝って首相に就いた岸田首相にとって、衆院選は初めて受ける国政選挙の洗礼だった。当初、苦戦が予想された自民党が大勝を果たしたのは、総裁選で保守の旗を掲げた高市早苗候補が、自民党離れを起こしつつあった無党派の保守層を引き戻した高市効果だとみられた。

安倍氏は、岸田氏がその点をきちんと理解しているのかと懸念を示したのだった。その後も安倍氏は、保守の岩盤支持層を持っていない岸田首相が、保守票を手放してしまうのではないかと、事あるごとに心配していた。

ハトとかタカとの区別は無意味だとしても、自民党のこれまでの国政選挙の勝利は、党員や固定支持層の票だけで成り立ったものではない。特定政党を支持しているわけではない無党派の保守票を集め固めてやっと勝てるのである。

自滅して一過性のブームに終わった小池百合子東京都知事による希望の党の例を見ても、本当は自民党以外の保守政党に投票したいという無党派層は多い。実際、昨年夏の参院選では、彼らの票は日本維新の会と参政党に大きく流れている。

タカ派と重なる保守層を蔑ろにしたら、保守政党を名乗る自民党の基盤が大きく揺らぐことになる。岸田首相をはじめ、このポイントを分かっていない自民党幹部が少なくないのである。

「聞く力」が政策判断の足かせ

そして岸田首相が安倍派のパーティーで挨拶した5月16日は、自民党の最高意思決定機関である総務会が、LGBTなど性的少数者への理解増進を図るはずの法案を了承した日でもあった。

法案は、女性の権利と保護を棄損し、日本社会の変容を招くとともに一部活動家の新たな利権スキームとなると指摘されており、党内の保守系議員の多くが反対または慎重姿勢を取っていた。

ＬＧＢＴ当事者団体からも、法律化による弊害が大きいとの声が上がり、ＳＮＳ上では反対意見があふれていた。

それが、「岸田首相の意向だ」（ベテラン議員）として強引に取りまとめられ、岸田首相が議長を務める5月19日開幕の先進7カ国首脳会議（Ｇ7サミット）前に国会に提出されたのである。

2月に元首相秘書官がオフレコで性的少数者に対する不適切な発言をしたことで、岸田首相には対外的に性的少数者への理解増進に取り組む姿勢を示す必要があったためだとされる。だが、不必要な法律を押し付けられる一般国民にとっては迷惑な話だった。

岸田首相は5月18日、広島サミットに出発するにあたり、記者団にこう語った。

「ＬＧＢＴ理解増進法案については、与党案として了承された法案が、今日にも国会に提出されると承知をしており、引き続き注視をしていきたい。そもそもこれは議員立法であり、これから国会で審議される前の段階ですので、法案の内容について、政府の立場から何か申し上げることは控えなければならない」

この言い方も反発を招いた。確かに議員立法という形はとっているものの、岸田首相自身が党内議論を打ち切る形で法案提出を急がせておいて、まるで他人事のような言い方ではないか。どうしても急ぐ必要があるというなら、岸田首相が自ら意を尽くして説明すべきである。

また、この法案をめぐっては、エマニュエル米駐日大使が強く成立を求めるツイートを連発するなど内政干渉まがいの圧力をかけてきており、日本政府・自民党はこれに屈したとも見える。

米国の意向を過度に気にする岸田首相は22年の「佐渡島の金山」(新潟県)の世界文化遺産登録に向けた国連教育科学文化機関(ユネスコ)への推薦に関しても、米国の目を気にして随分と逡巡していた。

安倍氏はこの件への政府の姿勢について、次のように語っていた。

「首相官邸で決めないと外務省はやらない。何となく自民党はリベラル化というより、腰抜け化になった」(1月20日)

「今日朝、岸田さんから電話がかかってきた。(推薦するかどうか)決めていない感じだった。だいたい推薦を出さないという選択肢はないんだよ。佐渡市が負けることになっても出したいと言っているんだから」(1月22日)

そして1月26日には、安倍氏が私に「結局、外務省や文化庁に(意見を)聞いてはダメなんだ。そうではなく命令しなきゃ。そうしないとできない理由を並べられるんだから」と話していたところに、岸田首相から安倍氏に電話が入った。

岸田首相と話し終えた後、安倍氏は強い調子でこう続けた。

「今、岸田さんから電話があったんだけど、まだいろいろと考えていた。（日韓間の軋轢《あつれき》を排除し、近づけたい）米国の反応を気にしているようだった。だけど、米国は全然関係のない話で、最初からそんなに弱気になってどうするのかね。私もオバマ大統領（当時）には相当、歴史問題でガンガン言ったものだが。バイデン大統領は確かに『○×ヤロー』だが、気にする必要はない。ましてこの問題を前もって米国に話してはダメだ。岸田さんは、『推薦したら、米国がはねる（反発する）かも』とも言っていたが、『はねやしないよ』と答えた。だって（当時、ロシアとの緊張が高まっていた）ウクライナ問題とかで今、日本の協力を頼んでくるのはあっちなんだから」

「○×」の部分は、表現がストレートすぎてここでは書けないことをご容赦願いたい。

ともあれ、岸田首相はその後、安倍氏の後押しもあって推薦に踏み切ったが、そこまで米国の意向を慮るのかと少し意外だったのを記憶している。LGBT法案をめぐっても、こうした岸田首相の対米姿勢が影響しているとすれば残念である。

もし岸田首相が、外圧を利用したLGBT法案の強行を通じて保守層の分断と、自身の指示に従わざるを得ない自民党内の保守系の政治家の評価失墜を狙っていたとしたら、その目論見は成功したといえる。まさかそんなことはあるまいが……。

トイレや浴場、尊重されない女性の人権

結局、法案に関しては5月18日に立憲民主、共産、社民3党が2年前に超党派の議員連盟でまとめた「原案」を、自民、公明両党が原案の「修正案」をそれぞれ国会に提出した。機を見るに敏だったのが、日本維新の会と国民民主党だった。

国民民主党の榛葉賀津也幹事長は5月19日の記者会見で、法案について、与党案や立憲民主党などによる野党案とも異なる対案を、日本維新の会と国会に共同提出する方向で協議していることを明らかにしたのである。

榛葉氏は、与党案でも他の野党案でも見過ごされるか極端に軽視されている女性の権利と保護を盛り込むと表明した。

「(与党案と他の野党案には)シスジェンダー(身体的な性と性自認が一致する人＝一般の男女)の権利をどう保護するかという視点が欠けている。トイレや浴場などで、特に女性の権利が尊重されていないとなるとこれは問題だ」

甚だ遅きに失しているとはいえ、このごく当たり前で常識的な言葉が政党として発せられたのは大きい。反対に、法案を巡るこれまでの議論がいかに現実離れした偏ったものだった

かが分かる。(※結局、後に岸田首相の指示で自民党が維新・国民案を丸呑みしてLGBT法は成立した)

これに先立つこと1カ月以上となる4月5日には、女性の権利保護を目指す「女性スペースを守る会」や性同一性障害の人らでつくる「性別不合当事者の会」など4団体が東京都内で記者会見を開いていた。

4団体は記者会見で、拙速な法案審議を避けるよう岸田首相に求める共同要請書を送付したことを明らかにしたほか、同日に国会内でLGBT理解増進を担当する森雅子首相補佐官とも面会し、法案に「性自認」と書き込むことに慎重な意見を伝えた。

法案推進派は、法案が成立しても、心は女性でも身体は男性のままの人が女性浴場に入るようなことは厚生労働省の局長通知があるから起きないと言い張っているが、性別不合当事者の会の森永弥沙氏は森氏と面会後、記者団に明確にこう語った。

「銭湯に行くときだけ、(出生時の性別と自認する性が異なる)トランスジェンダーになる男は今でも、いっぱい観測している。(法案が成立したら)男女で区分けしたスペースの意味は全くなくなる」

浴場だけでなく女性用トイレ、更衣室などで問題が発生すればどうなるか。トランス女性(肉体は男性、性自認が女性)の人権と女性の人権が衝突した際に、与党案も立憲民主党など野党案もトランス女性の人権だけを尊重すると言っているようなものである。

新たな法律ができても、法律でも政令でもない局長通知があるから大丈夫という主張には、根拠も説得力もない。また、法案推進派は施設管理者がしっかり管理すればいいと無責任に説くが、管理者が「差別主義者だ」と訴えられたらどうするのか。たとえ裁判で勝訴しても、莫大なカネと時間を浪費し、社会的に抹殺されかねない。

これは、岸田首相が言う通り、タカだからハトだからという話ではないのである。日本国民が等しく直面する危機である。岸田首相は安易に楽観していないか。

教育現場で高まりかねない同性愛者探し

もう一つ深刻な問題は、学校で実施されるだろうLGBT教育がどんな影響を及ぼすかである。

私は2年近く前、本誌21年8月号にこんなことを記した。

《自民党重鎮は文部科学省高官とこんな頭の体操をしたという。

小中学校における性教育では現在、人形を使って男女の性行為を模して教える場合がある。しかし、法律によってすべての性指向は同列に扱わなければならないため、男性同士、女性同士の性行為の仕方も教えることになる。

児童・生徒の中には「気持ち悪い」「受け入れられない」と感じる子供もいるだろうが、それは差別だとなり許されない。その気持ちが内面に沈殿し、かえってＬＧＢＴに対する嫌悪感や拒絶感につながることもあるだろう――》

この自民党重鎮とは、安倍氏のことである。人形を用いた小学生へのセックス教育に関しては、十数年前に国会でも「行き過ぎた性教育」として取り上げられたが、左派教師によって、それがさらに過激化しかねない。

自民党が16年5月にまとめた「性的指向・性自認の多様なあり方を受容する社会を目指すためのわが党の基本的な考え方」には、こんな記述がある。

「目指すべきは、カムアウトできる社会ではなくカムアウトする必要のない、互いに自然に受け入れられる社会の実現を図ること」

だが、ＬＧＢＴ法案が成立すれば、教室では「誰が同性愛者か」「誰がトランスジェンダーか」と話題になり、当事者探しが始まるだろう。カムアウトを強要する場面や、いじめが始まることも容易に想像できる。

心が未成熟で、精神が不安定な子供時代にそんな体験をさせてどうするのか。利権受益者を除き、当事者を含めて誰も幸せにならない法律など必要なはずがない。見切り発車は危険である。

生臭い人権擁護法案とＬＧＢＴ法の点と線

（２０２３年12月）

何があっても支えるという岩盤支持層をもともと持たない岸田文雄政権が保守派の信を失い、自民党が漂流し出した。きっかけは、性的少数者への理解増進を図るはずのＬＧＢＴ法を強引かつ拙速に成立させたことだった。

なぜ岸田首相は、利権拡充を狙っていたＬＧＢＴ運動家も、身の危険を覚える場面が増える女性も、社会のあり方が急速に変化することを望まない保守派も歓迎しない法律を、党内外の反対意見を押し切って推進したのだろうか。

左派・リベラル色が濃い米民主党政権との間で「密約」があったのではないかと思えるが、はっきりしたことは分からない。

ただ、ＬＧＢＴ法と同様に自民党内では反対の声が根強かったにもかかわらず、党執行部や長老らが党を二分してまで無理やり通そうとした法案には前例がある。人権侵害の定義が曖昧でかえって人権抑圧につながり、表現の自由を侵しかねないと危惧された人権擁護法案がそれである。

人権擁護法案は結局、党内で何度も提起された揚げ句に頓挫したが、腐っても起き上がるゾンビのようにたびたび問題提起されていた。LGBT法と同様に、どうして一部の幹部らが必死に通そうとするのか当初は不思議だった。

「憲法に書かれた人権に関する記述をきちんと受ける法律が必要だ」（太田誠一・党人権問題調査会長の2007年11月の挨拶）という建前はあるにしても、法務省も説明にしどろもどろになるような不明瞭な法案なのにである。

補選での政治的な取引

その理由が、すとんと腑に落ちたのは福田康夫内閣当時の08年2月、第1次政権を終えて5カ月ほどたった安倍晋三前首相から、小泉純一郎内閣でのあるエピソードを聞いた時のことだった。

04年秋頃の話である。女性スキャンダルによって衆院議員を落選中だった小泉氏の盟友（飲み会での猥談《わいだん》仲間）、山崎拓首相補佐官は、翌年4月の衆院福岡2区の補欠選挙に立候補する意向だった。ただ、選挙の見通しは楽観できる状況にはなかった。

安倍氏によると、そんなところに小泉氏の飯島勲首相秘書官や自民党幹部らのもとへ部落解放同盟の組坂繁之委員長が訪れ、こんな提案をしたのだという。

「補選ではうちから2000票を山崎氏に出す。その代わりに、小泉首相の施政方針演説か所信表明演説に、人権擁護法案の件を入れてくれないか」

当時、部落解放同盟は原則として民主党支持だった。そこをあえて山崎氏に投票させるからと、人権擁護法案をねじ込んできたのである。安倍氏は語った。

「実は(幹事長代理だった)私のところにも組坂氏は来た。(北朝鮮融和派で安倍氏と拉致問題で対立していた)山崎さんが国会に帰ってきて、私が喜ぶとでも思ったのかね」

この提案について、小泉氏自身は「どっちでもいい」という無関心な態度だったが、結局、05年1月の施政方針演説には次の一文が入ることになった。利権と票をめぐる駆け引きの結果だった。

「引き続き、人権救済に関する制度について検討を進めます」

この唐突な表明について、人権擁護法案反対派の議員らが当惑していたことを思い出す。

そして同年4月の補選で山崎氏は、民主党新人候補に1万7000票余の差をつけて当選した。

小泉氏はまた、この年9月の参院本会議でも民主党の日教組出身議員の質問に、こう答弁した。

「引き続き人権救済に関する制度については、検討を進めます」

まるで山崎氏が無事当選したことへのお礼のようで、人権擁護法案反対派の旗手の一人だった安倍氏自身も困惑したことだろう。安倍氏は、自民党の古賀誠元幹事長(当時・党人権問題調査会顧問)に法案に賛成するよう翻意を促された際にも、「これこれこういう事情がある」との事情説明を受けたことがあるとも話していた。

結論から言うと、小泉政権下では人権擁護法案への反対論が大きな渦となって法案成立を阻止したが、推進派は諦めていなかった。

重なる蒸し返された経緯

そうして07年12月に、党人権問題調査会は活動を再開し、法案をめぐる議論が2年半ぶりに再スタートした。この場で、党選挙対策委員長に就いていた古賀氏はこんな挨拶をした。

「これだけ大きな問題を、議論する場がなかったことが異常だった。これから政権与党として、議論することは前進だ」

実は小泉政権の後を担った安倍政権では、中川昭一政調会長が人権問題調査会の会長ポストを空席にし、活動を休止させていた。古賀氏の言葉にはそれに対する批判がにじんでいた。翌年2月から議論は本格化するが、調査会の会長代理には第1次安倍内閣で官房長官を務めた塩崎恭久氏が就いていた。これについて塩崎氏は、安倍氏によると「知らないうちに選出されていた。内情を探ってきます」と述べていたというが、実際のところはよく分からない。

ともあれ、安倍氏も出席して同月に開かれた自民党の「真・保守政策研究会」(中川氏が会長、後の「創生日本」)では、同会顧問の平沼赳夫元経済産業相が、前述の安倍氏の話と通じる興味深いことを語っていた。この会合はフルオープンだったが、マスコミは一切報じていない部分である。

「2年半前、人権問題調査会の6回の会合があり、主催者は古賀誠君だったんだけど、一任を取り付けたと部屋から出ていっちゃった。私は部落解放同盟の組坂委員長に会い、メシを食って話した。組坂氏は『今まで(解放同盟を)擁護してもらった法律(02年3月に期限切れを迎えた同和対策事業特別措置法か?)がなくなったから、その代わりがほしいんだ』と。これが本音なんですね」

「太田誠一氏が調査会長になって、(法案反対派の)私のところに来た。何て言ったかというと、『同じ福岡県の組坂氏に頼まれているんだ』と。第一に、そういう背景がある」

山崎氏も古賀氏も、同和運動が盛んな福岡県選出議員だったこととも符合する。ちなみに、民主党政権で復興担当相などを務めた松本龍氏も、福岡県選出で部落解放運動家だった。

この問題をめぐっては、08年3月の人権問題調査会で、京都選出の西田昌司氏も赤裸々にこう語っていた。

「私は京都に帰りました時に、先輩の先生に『西田君、この法案の経緯を君は知っているのか。反対しているようだけど』と言われた。（先輩の先生が）おっしゃったのが、要するにこれは同和団体の要望を受けたもので、今までは向こうにいろんな優遇措置が取られていた。『それをやめさせた代わりに、今度はこの人権擁護法をつくっていくんだよ。そういう経緯があることを君、わかっているのか』と。まさに本音の部分でおっしゃったんだろう」

「先輩」が誰かはおよそ推察できる。ともあれ、国民全体に影響する重大事を国民のあずかりしらぬところで、しかも一部のインナー議員が勝手に決めて黙って従えと言われても「はい、そうですか」とは言えない。

2月の人権問題調査会の議論では「どうしてこんな議論をしているのか」という本質的な疑問をめぐるやりとりもあった。

平沢勝栄氏「数年前に、私が法務部会長をしていた時にやっていたような同じ議論がまたなされている。あの時は、とてもじゃないけど、これは一本にまとまらない。反対が強くて（法案を）出すことはできないといったんお蔵入りした話だ。数年前にいったん結論が出たものをなぜ、またここで一生懸命やっているのかがよく分からない」

杉浦正健氏「この問題はお蔵入りになって『廃案』になったが、それを起こしたのは小泉首相。郵政選挙前の施政方針演説で人権擁護法案の提出を検討するということに触れられた」

衛藤晟一氏「小泉首相はそう言われたかもしれないが、安倍首相ははっきりと『やらない』と言った。だから、その話はチャラだ」

いったんボツになり、チャラになった法案が蒸し返された経緯もＬＧＢＴ法と重なる。ただ、人権擁護法案は成立を防止できたが、ＬＧＢＴ法は阻止できなかったことに、自民党の退行を感じる。

心の問題を規制する危険な法律

この年3月に開かれた人権擁護法案反対の国民集会では、島村宜伸元農水相が、法案に対する法務省の役人の様子をこう語った。

「聞くたびにしどろもどろで全く訳が分からない。『誰が君たちの後ろにいるんだ』と聞くと、下を向いている」

また、中川氏は「人権擁護法案には反対だというメールが全国から毎日数十通くるが、賛成だというメールがただの一件もこない」と述べた上で、こんなエピソードを明かした。

「この法律ができたら、中川も島村も平沼もここにいる議員のみなさんも、3日か1週間で政治生命を終わらせてやるんだと言っている人がいるそうです」

これは結構話題になった。そこで、中川氏に「あれは誰が言っているのか」と聞いたところ、こういうことだった。

「記者に言われた。政治生命は俺が3日で安倍さんは1週間だそうだ。本気で言っているのかどうかは分からないが、この法案はそれほどひどいものだから」

確かにそれまでの議論でも、人権擁護法案のさまざまな曖昧さが悪用されたり、社会に混乱を招く懸念が幾度も表明されていた。例えばこんなふうにである。

「小さな些細なことで訴えられて、そうなるとかなりの時間的、精神的苦痛を受けて何度もそういうところ(人権委員会など)に足を運ばなければならない事態になる。人権侵害だと言われることはセクハラ問題と同じで、やった側とやられた側というのは本当に微妙な話になる。これを誰がいったい判断するのか。こういう心の分野まで法律が強制権をもって入る危機感がある」(西川京子氏)

「太田会長は人権侵害された者の視点に立ってと言われたが、不当な申し立てをされた者の視点も考えてもらいたい。私は政治家になってから弁護士会に調停の申し立てをされている。私の政治活動を妨害したい勢力から申し立てをされて、苦しんでいる。私は弁護士だが、そのような言いがかりであっても呼び出しをされることで苦しんでいる」（稲田朋美氏）

「この『人権』というのも何なのかということは、全く（法務省・推進派は）答えられていない。その中で強制権のあるこういう法律をつくることは、国民の意識と乖離したものであるばかりではなく、逆におかしな対立をつくっているし、結局はモラルの低下を助長する」（西田氏）

国民に「おかしな対立をつくる」という点は、LGBT法でも散々指摘されてきたことであり、現にそうなった。人権擁護法案では極めて真っ当な反対の論陣を張った議員らが、LGBT法では推進派になったり、腰砕けになったりしたのがどうにも解せない。

人権擁護法案に関しては、LGBT法の熱心な推進者だった岩屋毅元防衛相も次のように納得できる慎重論を展開していた。

「どうも、すっきり腑に落ちない。というのは法律万能主義的な気がしてならない。およそ人間関係のやりとり、特にメンタルな面での作用は、数学的・機械的に場合分けできるものではないのではないか」

LGBT法こそ心の問題、メンタルの問題であり、法律が規制をかけたり、強要したりするべきものではないのではないかと思う。人権問題調査会で馬渡龍治氏が表明した次の危機感は、今まさに自民党が突きつけられていることだといえる。

「保守系の人々からいろんなことを言われる中で、自民党はいったいどうしたんだと。（女系天皇を容認した）皇室典範のこともそうだし、人権擁護法案もそうだし、私たち保守系はどの政党を頼ったらいいのか。今の自民党は何なんだというお叱りを受けます。このことをぜひ重く受け止めていただきたい」

結局、自民党はこの時の議論とその結果を重く受け止めず、学べなかったということだろう。岸田首相は、衆参両院ともにろくに審議もさせずに、議員立法であることを隠れ蓑にして「なぜＬＧＢＴ法なのか」を語らないまま成立を急いだ。それによって失った信頼は簡単には取り戻せまい。

スキャンダルと戦わない岸田首相の無気力感

（2024年1月）

岸田文雄首相が、急激な内閣支持率低下で苦境に陥っている。このまま衆院解散・総選挙という首相としての最大の権力行使もできないまま、2024（令和6）年9月の自民党総裁選にも出馬できずに「野垂れ死にもあり得る」（党幹部）といわれる始末である。

それでは、23年5月の先進7カ国首脳会議（G7サミット）終了時には高支持率を誇り、長期政権化が有力視されていたのが嘘のような凋落ぶりは何がきっかけだったのか。女性の権利と保護を置き去りにしたLGBT理解増進法の強行などいろいろと理由は挙げられるが、結局は岸田首相が何を考えているのか分からないことが不信感を招いているのではないか。

LGBT法に関しては、自身が成立を急がせておきながら議員立法であることを隠れ蓑にし、法律の必要性を何も説明しなかった。そして現在は来年の定額減税はまやかしで、いずれ大規模増税を図るのだろうと疑われている。

連日、ワイドショーで騒がれた岸田首相の最側近、木原誠二官房副長官（現在は党幹事長代理）に対する『週刊文春』報道の件も、首相も木原氏も最後まで記者会見で説明するなど国民の理解を得る努力を怠った。

筆者は個人的には文春報道に疑問を持つものだが、それだからと言って公の場でまともに反論もせずに、うやむやのうちに済ませようとした岸田政権のやり方にはもやもや感が残る。報道内容が事実と異なるというのであれば、なぜそうはっきりと指摘しないのか。

例えば安倍晋三元首相は第1次政権時の07年4月、記者団によるぶらさがりインタビューで、当時は朝日新聞社が発行していた週刊朝日の記事に怒りを爆発させ、謝罪を求めたことがあった。

4月24日の朝日朝刊に掲載された『週刊朝日』の広告には、こう書かれていた。

「総力特集　長崎市長射殺事件と安倍首相秘書との『接点』　城尾容疑者所属の山口組系水心会と背後にある『闇』を警察庁幹部が激白！」

長崎市長銃撃事件の実行犯が所属した暴力団と、首相の元秘書が関係しているような見出しである。実際に記事を読むと、銃撃事件が未然に防げなかったのは、元秘書と暴力団とのトラブルが原因であるかのように、「伝聞」と週刊誌の引用を利用していろいろと憶測を書き連ねていた。

この日夜、安倍氏は記者団に怒りを隠さず語った。

「私はこの『週刊朝日』の広告を見て愕然としました。まるで私や私の秘書が、あの卑劣な凶行を行った犯人、あるいは所属している暴力団と関係があるかのごとくの記事です。一切関係がありませんし、これは全くのでっち上げで、捏造です。私は驚きとともに憤りを感じています。これは私や私の秘書に対する中傷でしかない記事です。私にも秘書にも家族や親族もいますし、その中には子供もいるわけです。この記事を書いた朝日の記者、あるいは朝日の皆さん、恥ずかしくないですかと申し上げたい。いくら私が憎くて、私の内閣を倒そうということであったとしても、全く事実に基づいてないのであれば、言論によるテロではないかと思います。これは報道ではなくて、むしろ政治運動ではないかとすら申し上げたくなります。私や私の秘書が、犯人や暴力団の組織と関係があるのであれば、私は直ちに総理大臣を、衆議院議員もやめる考えです。関係を証明できないのであれば、潔く謝罪をしてもらいたい」

安倍氏がここまで怒った背景には、『週刊朝日』が取り上げた元秘書の事情がある。元秘書は安倍氏の首相就任後にさまざまな捏造報道や、野党の見当違いなこじつけ質問の犠牲となり、家庭問題で苦労した揚げ句、安倍氏の父、晋太郎氏の時代から勤めた安倍事務所を辞職していた。

その結果、翌25日の朝日朝刊社会面には、ベタ記事で小さく「週刊朝日報道を安倍首相が批判」という記事が載った。記事の末尾には、山口一臣編集長の短いお詫びコメントも掲載されていた。

「一部広告の見出しに安倍首相が射殺犯と関係があるかのような不適切な表現がありました。おわびいたします」

後ろめたい部分を勘繰られるだけ

岸田首相も木原氏を相談相手として頼り、官房副長官を辞してもたびたび首相官邸に呼んでいるのだから、安倍氏が元秘書のために憤ったのと同様の怒りを見せたらどうだったのか。下手に反論して文春やその他マスコミの反撃を食らうのを避けたのかもしれないが、国民にとってはなぜ黙っているのか理解できない。むしろ、後ろめたい部分があるのではと勘繰られるだけではないだろうか。

安倍氏は自民党幹事長代理当時の平成05年1月12日、朝日が朝刊1面で「NHK『慰安婦』番組改変　中川昭・安倍氏『内容偏り』　前日、幹部呼び指摘」という見出しの誤報を載せた際も、同じく標的にされた中川昭一元農水相とともに激烈に反論した。

記事は01年1月に放送された昭和天皇を「人道に対する罪」で有罪としたNHK教育テレ

ビ（現・Eテレ）の番組「戦争をどう裁くか（第2回）　問われる戦時性暴力」の内容に、中川氏と官房副長官の安倍氏が圧力をかけ、内容を改変させたというものだった。

実は私は朝日に記事が載る前日の1月11日、2人からそれぞれ電話で「朝日から変な取材を受けたが、どういうことだろうか」と相談を受けていた。

ああ、また朝日が保守派の政治家叩きで何か仕掛けようとしているのだなとは感じたが、不得要領のまま「今聞いた限りだと取材も全く詰められていないようだし、たいしたことはないんじゃないでしょうか」と答えた。

当時、NHKは歴代の自民党幹部らと幾重にもつながっているツーカーの関係で、安倍、中川両氏のような01年当時は党内ではまだ若手扱いの政治家が圧力をかけたという筋書き自体に無理があったからでもある。

それが翌日の朝日1面に大きく載った際には「めちゃくちゃだ」と驚いたほどだった。これに対し2人の「圧力などかけていない」との反論は徹底していた。

特に安倍氏が、今はなき月刊誌『諸君！』（文藝春秋）誌上で展開した朝日批判は次のように容赦がなかった。

「こうした報道姿勢がいかに薄っぺらい、欺瞞《ぎまん》に満ちたものであるかということを、もう国民は見抜いているんですね。私も随分、誹謗中傷にあいましたけれども、幸い私に対する支持は揺るがない。いままで朝日新聞が攻撃した人物の多くは政治的に抹殺されてきた経緯があり、みな朝日に対しては遠慮せざるを得なかった。しかし、私は言うべきことは言うべきと考え、朝日に対しても毅然とした態度をとります。自分は国家、国民のために行動しているんだという確信があれば決してたじろぐことはない」（同誌3月号）

「朝日報道の底に流れる邪な意図は、次第に白日の下にさらされようとしている。多くの国民はそれをじっと見守っているんだな、と実感しています」（同4月号）

「今回は、（北朝鮮への）経済制裁を主張する目障りな政治家二人を『極悪人』に仕立て上げて、制裁案もろとも葬り去ろうという狙いだったのでしょう」（同号）

「大新聞と闘う、事を構えるというのは大変なプレッシャーです。家族も大変でした。これは一新聞社を相手にするだけでなく、朝日新聞が発行する週刊誌、月刊誌、そして、テレビ朝日を敵に回すことで、さらにメディアには筑紫哲也氏をはじめ多数の朝日新聞出身者がいるのです。その周辺には『朝日シンパ』のコメンテーターたちもたくさんいます。だから、いくら朝日が間違ったことを言ったとしても、多くの政治家がたじろぎ、擦り寄ることに終始してしまう。そんな環境ですから、朝日は少々強引な取材や報道をしても、『政治家は細かいことを言わずに自分たちに擦り寄って当然だ』と極めて傲慢な姿勢になっていく悪循環があったのかな、と思います」（同12月号）

「(朝日の部数減について)これは長年の読者が、宿痾《しゅくあ》のごとくこびりついた朝日の捏造体質に辟易している結果でしょう。朝日新聞は、真剣に反省しなければ、報道機関として、もう二度と立ち直ることもできないと思います。このままでは、かつてのマンモスと同じ道をたどるかもしれません」(同号)

朝日にしてみれば、一政治家からここまで正面切って批判されたのは初めてのことだったのではないか。結局朝日は、記事の根拠を明確に示すことができず、「不確実な事実が含まれてしまった」(当時の秋山耿太郎社長)などと釈明に追われることになったが、今やマンモスと同じ道をたどっているように見える。

文春報道では、木原氏の家族も大変な目に遭っていると聞く。だからこそ、木原氏自身とその親分である岸田首相がもっと前面に出て闘ったほうがよかったと思う。

開き直って国民に思いをぶつけろ

安倍氏の数多い実績の中で、あまり取り上げられていないことがこうした大マスコミとの闘争に勝利したことだと考える。安倍氏が闘いを始める前は、大マスコミの権威と権力は現在よりはるかに大きく、それだけに性質《たち》が悪かった。小マスコミである産経新聞に所属する記者として、それを幾度も実感してきた。

特に、やはり朝日が仕掛けて国際問題化した慰安婦問題については、安倍氏の長年の取り組みと安倍政権下での実証的な検証によって、朝日は慰安婦報道における数々の誤報を認めざるを得なくなった部分が大きい。

慰安婦問題で朝日が誤報を認めた記事を取り消したことが今日、韓国で慰安婦問題を史実に基づいて冷静に議論しようという動きが育ちつつある元にある。

それと同時にインターネットとSNSの普及に伴い、マスコミ報道が多様な角度から検証され、誤りや煽りが即座に指摘されるようにもなった。

安倍氏がかつて述べていた報道の「言論テロ」「政治運動」「欺瞞」「邪な意図」「捏造体質」などが、すぐ見抜かれる時代になったということでもある。マスコミにとっては受難の時代であるが、社会の正常化につながっているのは間違いない。

マスコミの信用低下を喜べる立場にはないが、相対的な地位低下は当然だと思う。もともとそんなたいしたものではなかった。

ともあれ、朝日をはじめとするマスコミは22年7月8日に安倍氏が非業の死を遂げるまでは、比較的に岸田首相とその政権に優しかった。徹底的な批判は避けている様子がうかがえた。岸田政権を叩き過ぎて潰してしまうと、安倍氏の再々登板があるかもしれないと、抑制していた部分があるのではないか。

その心配がなくなった今、岸田首相は「増税メガネ」などと呼ばれ、サンドバッグ状態となっている。自業自得といえることもあるが、当人はさぞ不本意だろう。

どうせ何を言ってもやっても叩かれるのであれば、ここはいい意味で開き直り、考えていることやりたいことをもっと率直に国民にぶつけてはどうか。

それでマスコミが反発したところで、現在でも批判され続けているのだから同じことだろう。どんどん反論すればいい。

20年9月の自民党総裁選を振り返る。菅義偉元首相、石破茂元幹事長と並んで出馬した岸田首相(当時は政調会長)は3候補の中で、当初は一番大人しく優等生的に見えた。

ところが、総裁選期間の半ばをすぎる頃から、身振り手振りを交えたはっきりとした物言いが目立つように変身した。

「今日までの発言は立場にとらわれ過ぎてきた」

当時、岸田首相はこう語った。元外相で政調会長だとの枠を自分ではめてしまっていたのだという。それまでは現在と同様に発信力が弱いといわれていたが、その後はどこか吹っ切れた様子で歯切れがよくなり、好感が持てた。

今後、岸田首相が積極的に取り組むという憲法改正や安定的な皇位継承策の策定は、左派マスコミの激しい攻撃にさらされることが目に見えている。マスコミも野党もどう足を引っ張ってやろうかと手ぐすね引いて待ち構えている。

岸田首相は何も遠慮することはない。安倍氏がいう「闘う政治家」へと豹変すればいい。

国民に嫌われても「大宰相」になれる条件

（2024年5月）

自宅で深夜、北朝鮮から韓国に逃れた脱北者のユーチューブを見るのが好きである。本国では食うや食わずで将来の展望がない暮らしをしていた人たちが、家族と楽しそうに日本旅行に興じ、風景に感動し、日本食に「金正恩（朝鮮労働党総書記）でもこんな美味しいものは食べられない」と舌鼓を打つ。北でこんな番組を、隠れて視聴している人々はどんな心境になるだろうかと想像する――。

ここにきてにわかに、近く岸田文雄首相が訪朝して金氏との会談に臨むのではないかとの観測が強まってきた。ユーチューブや韓流ドラマを通じ、韓国のほうが自分たちよりはるかに豊かで自由だと知ってしまった自国の人民を慰撫《いぶ》する物資を得るため、金王朝が日本への接近姿勢を露骨に示し始めたことが背景にある。

2002（平成14）年9月の小泉純一郎首相の初訪朝も、北朝鮮を「悪の枢軸」と名指しして制裁を強めた米国により、北が窮し果てたことがきっかけだった。今回も金王朝は日本から人道支援を受けない限り、国内がもうもたないと判断しているのではないか。

そこで、小泉初訪朝時の政府のあり方を振り返りたい。当時、北朝鮮との水面下での交渉は、首相官邸側では小泉氏、福田康夫官房長官と事務の古川貞二郎官房副長官、外務省側では竹内行夫事務次官と田中均アジア大洋州局長、平松賢司北東アジア課長の計6人が情報を共有していた。拉致問題に長年取り組んでいた安倍晋三官房副長官は、蚊帳《かや》の外だったのである。

02年8月30日、政府は小泉氏が9月17日に日帰りで北朝鮮を訪問して金正日総書記と首脳会談を行うと発表した。安倍氏が訪朝を知らされたのは、この報道発表の直前のことだった。

安倍氏が田中氏から日本の植民地支配を謝罪し、国交正常化後の無償資金協力や経済協力をうたう「日朝平壌宣言」を見せられたのは、行きの飛行機の中だった。安倍氏は平壌宣言に「拉致」が明示されていないことを初めて知り、「それはおかしい」と異を唱えたがすでにどうしようもなかった。

特筆すべきは、当時の首相官邸と外務省の当事者たちにとって、日朝国交正常化こそが目的だったことである。実は拉致問題解決への意欲は薄く、問題自体を軽視していたのである。

「日朝国交正常化ありき」の危険

当時、首相官邸担当記者として拉致問題を取材し、彼ら当事者たちの言動を記憶している私は小泉訪朝の直前、北朝鮮に同行することになっていた安倍氏が官邸で、こう絞り出すような声で漏らすのを聞いた。

「小泉さんは、拉致の『ら』の字も分かっていない」

小泉氏は拉致問題の重大性、被害者の人権侵害であると同時に、安全保障にも直結する国家主権の侵害であるという本質への理解がまるで足りなかったのだった。

もし当時、安倍氏が官邸にいなかったら、小泉氏らは拉致問題を脇に置き、当初目指していた通り02年中の国交正常化へと突き進んでいただろう。現に小泉氏は8月30日夜、山崎拓幹事長、麻生太郎政調会長ら自民党幹部との会合でこう語り、期待が高まりすぎないよう予防線を張った。

「拉致された人が帰ってくるような過度の期待をされても困る。あくまで交渉の糸口を探るための訪問だ」

9月3日には、外務省幹部がこう本音を漏らした。

「拉致問題の解決は常識的に考えて非常に難しい。今回、(拉致被害者の)安否確認が出てこなければダメと言うべきかどうか、そういう話ではないと思う」

また、古川氏も9月12日の記者会見で、日朝首脳会談の意義について赤裸々に述べていた。

「拉致問題で何人が帰ってくるこないということではない。そういうことがあればハッピーだが、それよりまず国交正常化に対する扉を開くことに大きな意義がある」

この頃私は、官房長官記者会見で福田氏に「そもそも日本にとって北朝鮮と国交正常化するメリットとは何か」と質問した。

「いい質問だね」

福田氏はこう茶化すように答えただけで、メリットについて具体的なことは何も語らなかった。小泉氏も福田氏も、国交正常化は政治家としての歴史的な実績になるという意識が勝り、熱に浮かされているように見えた。

安倍氏はかつて産経新聞のインタビューに、当時の官邸の雰囲気についてこう振り返っている。

「政府の中の何人かの主要な高官が、『大義は日朝国交正常化であり、拉致問題はその障害にしかすぎない』と言っていた」

マスコミも国会もまだ拉致問題に冷淡で無関心な時代だった。

「少女をはじめ、政府が当然守らなければいけない人命と人権が侵害されてしまった。これに対して政府が何もできない。これは国家としての義務を放棄しているに等しい」

「拉致された人を取り戻すことができないというのは、これはまさに国の威信と、そしてわが国が安全を守ることができる、国民の生命と財産を守ることができるという国民の政府に対するクレジビリティー（信頼性）の問題にもかかわってくる」

安倍氏が衆院外務委員会で初めて拉致問題についてこう訴えたのはこの5年前、1997年5月の橋本龍太郎内閣でのことだった。ただ、この質問はマスコミに全く注目されず、自民党内でも変わり者扱いで無視された。

「日朝平壌宣言の原則と精神が守られれば、日朝関係は敵対関係から協調関係に向けて大きな歩みを始める。北朝鮮との間で懸念を払拭し、協調的な関係を構築することは日本の国益に合致する」

小泉氏は日朝首脳会談を終えた2002年9月17日夕、平壌市内のホテルで記者会見し、こう胸を張った。北朝鮮側が、後にデタラメと判明する拉致被害者8人の死亡情報を通告してきたことについては次のように語り、終わった話にしようとしていた。

「痛恨の極みだ。ご家族のお気持ちを思うと言うべき言葉もない。このようなことを二度と起こさないためにも日朝関係の改善を図っていく必要がある」

この日の首脳会談は、午前と午後に分かれて2度行われた。午前の部では金氏が拉致問題に触れなかったため、昼の休憩時間に安倍氏が、盗聴されていることを前提としてこう大声で小泉氏に迫った。

「午後の会談でも謝罪がないようなら、平壌宣言への署名は見送り、席を立って帰国すべきです」

午後2時すぎに再開された会談では、金氏がいきなり「拉致は遺憾なことで、率直にお詫びしたい」と表明し、北朝鮮側の随行員らが慌てていたという。昼休憩時の安倍氏の機転がなければ、拉致問題は再調査の約束程度でおしまいとなり、やがて忘れられていたかもしれない。一部でも拉致被害者が帰国することはなかった可能性があるのである。

私は東京・大手町の産経新聞本社内のテレビで、小泉氏の記者会見の模様を見ていた。小泉氏の表情は明らかに高揚し、笑みすら浮かべていた。

主導権取り戻した日本外交の転換点

一方、日本国内の空気は全く違った。8人死亡と一方的に言われたにもかかわらず、小泉氏が日朝平壌宣言にそのまま署名したことに反発が強まっていた。

「これまで長い間放置されてきた日本の若者たちの心の内を思ってください。私たちが力を合わせて戦ってきたことが、(拉致事件という)大変なことを明るみに出した。これは日本にとっても、北朝鮮にとっても大事なことです」

わずか13歳で拉致され、死亡とされた横田めぐみさんの母、早紀江さんが涙ながらに記者会見で訴える姿が、国民の北朝鮮とふがいない日本政府への怒りを増幅していた。記者たちも泣いていた。

「小泉さんは会談は成功だと満足げでしたけれど、日本の空気は違います。小泉さんに厳しい視線が向けられていますよ」

私は、政府専用機で羽田空港に戻ってきた安倍氏にこう電話をかけた。安倍氏は答えた。

「分かっている。私はそのことを踏まえた上で対応する」

安倍氏は日朝首脳会談の結果に対し、当然そういう反応が生じるであろうことを官邸の中でただ一人、正確に予測していた。

安倍氏は帰国翌朝、拉致被害者家族の宿舎となっていた東京・芝の三田会館に赴き、家族らに首脳会談の様子を説明した。この場で、拉致被害者を「救う会」の西岡力幹事(現会長)が、安倍氏に「死亡の確認はしたんですか」と聞いた。

「確認はしていません。詳しい経緯は必ず調査させます」

悲嘆に暮れていた家族らや西岡氏は、この率直な言葉でわれに返った。西岡氏は後にこう振り返っている。

「被害者8人死亡で『拉致事件は解決した』とする北朝鮮の謀略との新たな闘いが、ここから始まった」

一方、初訪朝を終えて帰国した小泉氏は、国民の称賛を浴びるつもりが思い切りあてが外れ、元気を失った。昼と夕のぶらさがり記者会見時の表情もうつろで、18日昼にはこう不満をこぼした。

「さまざまな肯定的評価、否定的評価があると思う。しかし、これで私が不満だといって、席を蹴って帰ってきたらどういう結果になったか」

また、同日夜にも「自らの今回の判断は適切だったと思う」と繰り返した。訪朝約1カ月後、「拉致問題の全面解決を交渉の最優先課題に」と求める自民党外交関係合同部会の要望書を携えて官邸を訪ねた党外交調査会の高村正彦会長代理らは、小泉氏にこうケンカ腰で怒鳴られた。

「自民党は何だ。どうしてみんな俺をほめないんだ。ほめるのは共産党と社民党だけじゃないか」

小泉氏はその後も日朝国交正常化には意欲を示し続けるが、拉致問題への対応は安倍氏に委ねるようになっていく。

この年10月には、「一時帰国」した拉致被害者5人を北朝鮮に戻すかどうかで、国交正常化に向けて北朝鮮との信頼関係を維持したい福田氏や田中氏と、「北朝鮮に戻りたくない」という被害者らの本音を重視する安倍氏らとの間で激論が戦わされた。

「家族が帰さないと言っているのを、政府が無理やり帰せるか。日本は民主主義国家だ」

結局、この安倍氏の主張が通り5人は日本にとどまることになったが、小泉氏は「本人の意向を尊重する」というばかりで、明確な考えは示さなかった。このときも安倍氏がいなかったら、5人は北朝鮮に戻され、二度と日本の地は踏めなかったかもしれない。

安倍氏はこのときのことを、著書でこう回想している。

《日朝平壌宣言にしたがって開かれる日朝国交正常化交渉の日程は、十月二十九日と決まっていた。政府が「五人を帰さない」という方針を北朝鮮に通告したのは、その五日前のことであった。

その日、ある新聞記者に「安倍さん、はじめて日本が外交の主導権を握りましたね」といわれたのを鮮明に覚えている。たしかにそのとおりだった》

この新聞記者とは、私のことである。相手国に強く出られるとすぐ無原則に譲歩してしまい、相手ペースで交渉が進むことの多かった日本外交の大きな転換であるとも感じていたのだった。

拉致問題解決に邁進せよ

印象深い記憶がある。安倍氏が第1次政権を病で終えてすぐの07年10月下旬頃から、インターネット上で、安倍氏のために千羽鶴を折って励まそうという呼びかけが始まった。安倍氏の辞め方が厳しく批判されている状況だったが、山口県下関市や衆院国会議員会館の安倍事務所には、赤、青、黄、緑……とたくさんの千羽鶴が届けられるようになっていた。

この年12月のある日、安倍事務所を訪ねると、拉致被害者、有本恵子さんの父、明弘さんが座って安倍氏を待っていた。病み上がりの安倍氏が出席していた衆院本会議から戻ると、2人は千羽鶴に囲まれ、すぐに拉致問題の現況と北朝鮮の今後の出方などについて真摯に話を始めたのだった。

その安倍氏は今はもういない。

安倍氏は小泉訪朝時、拉致被害者5人を取り戻した陰の立役者だったが、岸田首相の訪朝でその役割を誰が演じられるだろうか。めぐみさんや恵子さんらが戻ってこない解決などあり得ず、首相自身の覚悟のほどが問われる。

国民に嫌われたリーダーで終わるか、大宰相となるか。

あとがき

安倍晋三元首相が暗殺される3週間ほど前、2022(令和4)年6月14日夜のことだった。安倍氏の秘書官を6年半も務め、信頼されていた防衛省の島田和久事務次官が任期1年11カ月足らずの7月1日付で交代するとの情報に接した私は、安倍氏に電話でそれを伝えた。

「えっ、まだ1年ぐらいやるんじゃないの。それは問題だね。(岸田文雄政権の運営に注文をつける)私への意趣返しなのか。首相に聞いてみる」

安倍氏は全く聞いていなかったようで、驚いた様子だった。そこでいったん会話は終わったが、しばらくすると安倍氏から電話がかかってきた。

「まず松野博一官房長官と話したが、どうもそういう方向らしい。次官を3年ぐらいやるのは珍しくない。おかしいよね、非常に不愉快だ。松野氏は、次官は全部2年で交代させるというが、それではバカな次官もいい次官もそうするのか。島田氏みたいな功労者がそれではおかしい。財務省か首相官邸の嫌がらせなのかということになる」

実際、次官任期は2年というルールなどなく、省庁ごとにばらつきがあった。根回しなしに安倍氏に近い次官を交代させるやり方が異様に映ったのは事実だった。

2日後の16日に、衆院議員会館の安倍事務所を訪ねた岸田首相から直接、次官人事は2年交代とすると説明を受けた安倍氏は表向き矛を収めはした。だが、同夜、私の前で予言するように語っていた。

「岸田氏はこれまで運がよかったが、運はちょっとしたことで離れる。こういうやり方をしていたらね」

その言葉通り、岸田首相はその後、LGBT理解増進法の強行や政治資金パーティー収入の不記載問題をめぐる唐突な派閥解散宣言などでじりじりと自民党内の敵を増やし、求心力を失っていく。運が去ったのだろう。

「安倍一強」時代を築いた安倍氏より、実は「聞く力」を強調した岸田首相の方がよほど強権的だったというのも皮肉である。

本書では、私が安倍氏と一対一(サシ)で話したことと、安倍氏が私を含む近しい記者ら数人の前で話した言葉の双方を紹介したことを断っておきたい。どちらも私にとり、貴重な経験であり忘れがたい思い出である。

後世、少なくない政治学者や研究者が安倍晋三という稀有な政治家の生涯と言動を研究対象とすることだろう。

その際、私が書き記したことも、その材料の一つとなることを願っている。類書とはまた違った安倍氏の実像に迫れたとしたら、記者冥利に尽きる。

令和6年6月　阿比留瑠比

●著者プロフィール

阿比留 瑠比（あびる・るい）

産経新聞論説委員・政治部編集委員　1966年生まれ、福岡県出身。早稲田大学政治経済学部卒業後、90年産経新聞社に入社。98年から政治部に配属、首相官邸、防衛庁（現防衛省）、自民党、外務省などを担当。第1次安倍内閣、鳩山内閣、菅内閣、第2次以降の安倍内閣で首相官邸キャップを務め、安倍氏への取材は約四半世紀に及ぶ。著書に『偏向ざんまい　GHQの魔法が解けない人たち』『だから安倍晋三政権は強い』、西岡力氏との共著『安倍晋三の歴史戦』（以上、産経新聞出版）など多数。

ブックデザイン：ユリデザイン 中尾香

安倍晋三〝最後の肉声〟
——最側近記者との対話メモ——

令和6年 7月3日　第１刷発行

著　　者　阿比留瑠比
発 行 者　赤堀正卓
発行・発売　株式会社 産経新聞出版
〒100-8077 東京都千代田区大手町1-7-2
産経新聞社8階
電話 03-3242-9930　FAX 03-3243-0573
印刷・製本　株式会社シナノ

ISBN978-4-8191-1437-0　C0095